JN185839

# 原発災害下での暮らしと仕事

## 生活・生業の取戻しの課題

協同組合研究誌「にじ」編集部【企画】
小山 良太・田中 夏子【監修】

筑波書房

# はじめに

田中　夏子

◆**連載企画の経過**

　本書はJC総研が発刊する協同組合研究誌「にじ」にて、2014年（夏号）から2年にわたって連載された「原発災害下での暮らしと仕事～生活・生業の取戻しの課題」を一冊にとりまとめたものである。

　福島原子力発電所事故によって苦しめられている人々の生活と生業の立て直しは依然として見通しを持てない深刻な状況にある。しかしこの「深刻な状況」という認識が、事故発生から三年余（本連載の開始時）を経て、質的にも量的にも十分共有されにくい事態となっていた。市民側の脱原発の取り組みが活発化しているにも関わらず、なぜ原発災害のもとで進行していることについて、十分な情報共有がなされないのか。

　政府は、事故の影響を過小評価し、原発再稼働への布石を着々と打ってきた。2014年4月に閣議決定された「エネルギー基本計画」では、一度削除された、政府及び原子力事業者の「悲惨な事態を防ぐことができなかったことへの深い反省」（p.4）が記述として復活したものの、その「悲惨」は「約14万人の人々」の「困難な避難生活」といった一言に留まり、避難者はもとより留まった人々、帰還した人々が、震災前までに培ってきた暮らしや人間関係、そして生業を根こそぎ覆され、そのもとで苦闘している姿が捉えられているとは、到底読み難い。

　なぜならそのすぐ後の記述で、原発停止がもたらす経済的マイナス影響やオリンピックを引き合いにして「安定的かつ低コストエネルギー」の必要性

を縷々訴え、加えて「温室効果ガス排出の増大」を憂えた上で「ベースロード電源」としての「原発」必要論に流れ込んでいくからである。同計画の「はじめに」に記された「原子力発電所事故で被災された方々の心の痛みにしっかりと向き合い、寄り添」うとの宣言は全く形骸化した内容の計画である。汚染水問題に触れた箇所では「今なお多くの国民や国際社会に不安を与えている」(p.42)との記述に留まり、「不安」どころか実質的に多大な経済的被害を受けている漁業者の姿は見ようとしていない。除染についても「十分な資金的手当て」(p.42)を投入するとしつつ、山林の除染が対象外とされている現状では、循環によって成り立つ農林漁業の基本的なインフラが破壊され続ける一方だ。

そしてこうした傾向は今後、さらに強まる。2014年春からは一部自治体で避難指示が解除され帰還が開始されている。しかし解除地区においても、国の除染基準を上回る箇所は依然として多く、再開された学校に子どもを通わせるべきか、家族の葛藤は増大する。あるいは第一次産業はじめ屋外で仕事に携わる人々は屋内で過ごす人よりも3倍〜4倍弱の被ばく線量がある(政府推計値)中で、農業への復帰が健康被害と隣り合わせとなりかねないことを、私たちはどう受け止めるべきか。「帰還」という新しいステージによって、葛藤やリスクがさらに増大する。事態は収束どころではなく、ますます複雑な形で深刻化する。上記に述べたことは深刻化する原発災害のごく一例であり、その全体像は私たち自身が描き出していくしかない。

以上のような視点にたって、被害に苦しむ人々の声やそこに真の意味で「寄り添う」人々の議論に学ぶ場を、多様な形で生み出していくことが急務と考え、協同組合研究誌「にじ」での連載企画にいたった。

## ◆本書の概要

2014年夏号以降2016年春号にいたるまで7号にわたって、下記2点〜第1に福島県内の第一次産業に焦点を当て、地域の暮らしと仕事の現状、憤り、そして暮らしと生業を取り戻そうとしている協同組合や組合員の活動、第2

に、第一次産業に拘らず、福島県の人びとの暮らしにも着目し、原発災害の影響を受けながらも、あたり前の暮らしを取り戻そうという人びとの動きやそれを支援する様々な取組み（団体・個人）、またそれを専門的な立場からサポートするための考察・議論～を軸に、それぞれの領域の第一線で、実践、提言、分析に取り組んできた方々に執筆をお願いした。

　第1章は、核燃料化学の専門家、舘野淳氏による。福島第一原発がいまだ深刻な危機的状態を脱していないことを踏まえ、不可避的にリスクを伴う技術的問題や新規制基準および廃炉の困難にも言及した上で、「批判を許容しない」人的システムに原発を委ねることの危険性に警鐘をならす。

　第2章は、福島大学うつくしまふくしま未来支援センターで農と食の復興支援に携わってきた小松知未氏による。協同組合間協同のもとで模索し積み上げられてきた「食・農・くらしの再建」の実践について詳述した上で、しかしこれらの貴重な取り組みが4年経た時点（執筆時）でも「法・予算・制度上の裏付けを得られていない」ことに対し、強い問題提起を投げかける。

　第3章は、原子力災害からの復旧・復興に尽力する森林組合の取り組みを早尻正宏氏に分析いただいた。同章では森林組合と漁協とが連携した復旧事業や、山林事業とコミュニティ再建とを一体のものとして捉える森林組合の取り組み等、協同組合原則が現場で深められる様相が示されている。

　第4章は、原発事故直後から「土壌スクリーニング・プロジェクト」を推進してきた福島大学小山良太氏による。「風評」概念の濫用によって本来問うべき事柄が隠ぺいされる仕組みを明らかにした上で、放射能汚染に関わる安全対策の考え方を、「出口検査」から「入口検査」を含むものに転換することで、消費者に対する科学的かつ説得的な対話を切り拓くことを求めている。

　第5章は、濱田武士氏による。試験操業を通じて地道に復興への歩みを重ねてきた漁業者に対して、原発由来の汚染水をめぐる東電、政府の無策、不誠実が、漁業関係者の間に、そして漁業者と消費者の間に亀裂と分断をもたらす構造が描き出されている。

第6章では、千葉農村地域文化研究所の飯塚里恵子氏が、二本松市東和地区での地域自治組織を軸とした里山再生・災害復興の取り組みに着目し、そこから引き出される自給や贈与の論理が、地域の暮らしを支える原動力となる様相を示す。

　第7章では、西村一郎氏による。福島県生協連・日本ユニセフ協会・福島大学災害復興研究所主催の子ども保養プロジェクトの成果が描かれるとともに、協同組合間連携によって保養のあり方・考え方を一層充実したものにできるとの提起がなされている。

　第8章では、河原林孝由基氏が、「福島復興牧場」（避難・休業を余儀なくされた酪農家と福島県酪農業協同組合、農林中央金庫の三者によるプロジェクト）の概要とその具体化をめぐる関係者の模索、尽力を描く。五人の酪農家たちがそれぞれ、大きな決意をこめて、共同経営という新しい組織運営の手法のもと、飼養形態も一新してのスタートだが、これを協同組合金融と地元酪農業協同組合とがどう下支えするか、その仕組みを明解に示す。

　第9章は、1980年代前半から原子力保険について言及してきた本間照光氏による。同氏は、原子力損害賠償制度について、そもそも原子力事業者とその関係者の賠償責任が限定的であることに加え、国が提起する同法の改訂方向が、一層、加害者の無責任を容認し、加害者保護へと向かおうとしていることを指摘し、市民の関心の喚起を強く呼び掛ける。

　第10章は、福島県農民連の佐々木健洋氏、気候ネットワークの豊田陽介氏による。事故直後から原発に依存しない地域農業のあり方を模索してきた福島県農民連が、市民発の自然エネルギー創出に取り組む「自然エネルギー市民の会」（大阪）と出会って立ち上げた市民共同発電事業の詳細に加え、エネルギーを地域に取り戻すことで、地域のお金と人の流れを変えるきっかけとなることがうかがえる。

　第11章は、長く、農村女性の起業の研究を重ねてきた岩崎由美子氏による。インフラ整備等の「大文字の復興」に対し、飯舘村を舞台とした「小文字の復興」（避難者が村の内外の人びととのネットワークを土台に、未来にむけ

て希望を紡ぐ多様な取り組み）、「ミクロな場所からの生の回復」を描き出す。

第12章は、阿高あや（JC総研）氏による。福島県における協同組合運動を思想史的観点も添えて見わたした上で、それらの結節点ともいえる「地産地消ふくしまネット」および「福島大学」に焦点をあてる。両組織に、実践的に深く関わってきた阿高氏ならではの分析である。

第13章は災害情報論を専門とする関谷直也氏による。同氏は、いわゆる「風評被害」を消費者心理の問題と考えず「社会構造の問題」としてとらえる必要性に言及した上で、「風評」の定着プロセスの分析に基づいて、その対応・克服方法を提起する。

第14章は、フードシステム論を専門とする則藤孝志氏による。同氏は、学校給食と地産池消の関係の中に「風評増幅メカニズム」が見出せるとの仮説検証を通じて、必要とされるフードコミュニケーションのあり方を提起する。

第15章は、三名の関係者による座談会とした。本書監修者小山良太氏のコーディネートのもと、小山氏、生産者として最前線で放射能と苦闘してきた有機農業者大内信一氏、そしてその生産者の苦悩を深く理解する消費者のあり方を探求してきた地産地消ふくしまネットの熊谷純一氏である。

なお、記述内容は、それぞれ連載時期における最新情報に基づいている。その後、動きがあった事案もあるものの、その部分の加筆はしないこととした。

## ◆連載を振り返って見えてくること

連載を終えて振り返ると、住民の自治的な取り組みやそれを支える協同組合の多様な活動をたどる諸論考は、失望とも隣り合わせの手探りの中、暮らしと生業の取戻しにむけて、あるいはそれを成り立たせる社会関係の紡ぎ直しにむけて、人々が確実に道を切り開いてきたことを、豊富な事例や多様な視点の提起・論証をもって改めて示すものであった（第2、3、4、6、7、8、11、12章）。原状回復はもとより、災害の根本要因である原子力発電に依拠しない社会づくりが、市民発電として、市民と農家の協力のもと、ある

いは農家主体で探求されている例も示された（第10章）。

　しかし一方で、被災地の住民および生産者側は、生活再建と併行して、自らの生産物に対する徹底した安全対策を探求してきたものの、市場はそれに呼応した動きを見せない。なぜなのか。「風評被害」の構造を解き明かし、これを単に「消費者の問題」に還元してはならないこと、流通過程への働きかけが課題であること等が提起された（第13、14章）。

　同時に、上記のような取り組みをもってしても、暮らしと仕事の再建が容易でない厳しい事実が、「社会システム」として存在するとの指摘も複数の観点からなされた。原発災害は一度発生してしまったら不可逆的な被害がもたらされることは明白だが、それにとどまらず、例えば汚染水の海洋放出及びその未公表等、追い打ちをかけるような社会的災害が、事故後も発生し続ける社会構造が厳しく問われた（第5章）。

　なぜ過酷事故に学ぶ社会の仕組みづくりがはばまれるのか、その背景としては、科学技術論を踏まえたうえで、「批判を許容しない人的システム」の存在が指摘されている（第1章）。さらに、原子力災害の賠償をめぐる東電、国の動きの解明を通じて、「（原子力災害による）リスクが深刻かつ現実的であるほどに、内部を空洞化させた原賠制度」が構築されてきたこと、現在進行中の原賠法改正議論においては、その仕組みがますます強化される方向にあることも指摘された（第9章）。

　振り返ると、主体とシステムがぶつかりあう様相が浮かび上がるのみならず、このぶつかりあいが、益々激しいものとなることを覚悟せざるを得ない。

## ◆被害を矮小化しようとする動きに抗して

　政府は「福島復興加速化」の方針（2015年6月）のもと、除染や生活インフラ等、生活取り戻しの基本的な条件整備の見通しが全くたたないにもかかわらず、避難指示区域面積7割におよぶ地域について、避難指示解除（2017年3月期限）を目標化し、これにともなって東電による賠償金打ち切りを指示している。

はじめに（田中　夏子）

　また1年前には、原発事故によって避難した商工業者に対し、当初、2016年2月をもって営業損害賠償を打ち切る「素案」が東電から提起された。同案はJAをはじめとする当事者からの強力な反発で撤回され、打ち切り延期が表明されたが、2015年秋には2016年度をもっての打ち切りが東電から再提案。国も東電もたびたび「損害あるかぎり賠償は継続」とするもののそれがどう確保されるかは未定だ。

　上記は、「復興加速化」の名のもとで、被害賠償を打ち切る流れのほんの一例にすぎない。これからの「暮らしと仕事の取戻し」は、「被害」の矮小化との闘いも加わって、長期の取り組みとなることが必至だ。こうした事態を前にして、あらためて原発災害による「被害」の深刻度がどのようなものであるのか、被災した当事者を中軸にしながら、それを描き、分析し続けていくことが必要だろう。

　原発事故の被害の深刻度は、関係者から様々な形で発信され、また自死を含む関連死の多発によっても明々白々だ。しかしそのことを掻き消すような社会の動き（賠償や住居保障の打ち切りから原発再稼働およびそれを容認する司法判断、加害側の賠償・責任を最小化しようとする制度改正にいたるまで）が加速化する現在、上記の「明々白々」を、継続的にかつ多様な視点でとらえなおすことが協同組合陣営にとっても必須の作業と考える。

## ◆原発事故で何が「喪失」され続けているのか〜訴訟を題材に

　以下では、本連載企画がテーマとした「原発災害下」に生きることの重大さを今一度、確認する意味で、原発事故に起因した「ふるさと喪失」をめぐる2つの訴訟を例に、原発災害の被害の特徴を確認しておきたい。

　一つは「福島原発避難者損害賠償請求事件」（避難者訴訟）[1]の原告書面訴状に示された考え方である。同訴状では、被害者のおかれた「身体的、精神的限界」を、先の見えない仮設住宅、慣れぬ土地での生活、学説の定まらない被ばく影響への不安、仕事喪失、家族関係の変化、被災者相互の軋轢、先祖代々の土地への思い、除染の困難、仮置き場問題、生活インフラの崩壊、

政府の事故収束宣言への不信感等、細かく検証を重ねた後、次のように言う。

「しかしながら、原告ら被災住民のこうむった被害は「土地」「建物」「各種動産」の喪失、さらには「移転に伴う費用」や「新生活を開始するための追加的費用」といった個別の財産の総和によって整理し尽されるものではない。それどころか、これらの被害に「営業損害」や「休業被害」などの財産的な損害を加えたものの総和ですらもなく、これらの合計をはるかにこえる」。

同訴状では、その「被侵害利益」を表わす概念として「コミュニティ」を挙げ、それが生存、生活はもとより人間発達の場であること、加えてそこに居場所と役割が様々な形で織り込まれることで生活の質を高める機能を備えた場であることを重視し、したがってそれを奪った原発事故の被害の性格は、全面的かつ深刻なものであり、しかも収束の見通しが未だ困難であるという意味で継続的なものであることを強調する。

もう一つは、「生業を返せ、地域を返せ！」福島原発事故損害賠償請求事件（生業訴訟）[2]である。本訴状においても、被害の詳細を具体的に提示した後、「ふるさと」の定義づけを行っている。福島県の諸地域がそれぞれの自然、文化、歴史を反映し、独自性のある産業と「互いに支えあい、ふれあう」地域社会を形成してきたと述べたうえで、「ふるさと」概念は多義的であることを認めつつも、共通項として「それぞれの原告にとって、その人らしい生活を営むためのかけがえのない基盤」であり、「単に生まれ育った地を意味するものでも、本件事故当時住んでいた地を意味するものでもなく」、「地域の自然や社会そのもの」「家族との生活であり、自己の生業であり、知人友人との人間関係であり、趣味のサークルや地域の祭りなどの総体」つまりは、「個々の構成要素に分解することのできない、生活の場・生活基盤の総体」として規定する。

両訴訟において原告らが共通して強調するのは、被害が多面にわたって深刻であることはもとより、その一つひとつを、足し合わせてもその人の喪失を正確に表現することができない点だ。

そのように複合的かつ総合的な「喪失」の回復は、たとえその経済的側面に限ったとしても年限を切って達成されるものではない。生業訴訟においては、2015年11月17日より「原告本人尋問」が開始され[3]、弁護団ニュースには発言の一端が証言者ご本人によって再現されているが、その短い文章が、雄弁に原発災害が一人ひとりの人生に深く食い込んでいく様相を示している。

### ◆原発災害との格闘を通じて形成した関係性をどう活かし、刷新していくか

　事柄の重大さにたじろぐ気持ちを抑えきれない。しかし座談会（第15章）でも示されたように、原発災害に5年間向き合い、対応してきた生産者、県内の協同組合関係者（職員・組合員）、そして「どじょスク」等を介して現地に継続的に赴いた多くの市民によって、分厚い社会関係資本が形成されたこともまた事実だ。

　この基盤は、今後も続く原発災害との闘いにむけた拠点になると同時に、TPP等、人々を消費・生産の利害関係に切り分けて分断し、地域のディーセント（人々が大切にされる）な暮らしと仕事を阻む動きに対しても、対抗的な拠点としての役割をはたしていくものといえよう。いや、ぜひとも、そうした拠点として強化、拡充する方向を、私たち自身が生み出していかなければなるまい。

　　追記

　本章筆者（田中）は、原発問題や原発災害を専門として研究する立場ではありませんが、冒頭に記した「にじ」の編集委員として、本連載企画を提案したご縁で、本書の企画にも加わらせていただきました。貴重な機会をいただきましたこと、執筆者の皆さん、協同組合研究誌「にじ」編集委員会、本書監修者小山良太さん、「にじ」の発行母体であるJC総研の関係各位に感謝申し上げます。

**注**

1）http://www.kanzen-baisho.com/　福島原発避難者損害賠償請求事件（避難者訴訟）弁護団web資料ページ「第1次提訴　原告書面　訴状」2012年12月3日参照。
2）http://www.nariwaisoshou.jp/　福島原発事故損害賠償請求事件原告団・弁護団web資料ページ「訴状」2013年5月30日参照。
3）「弁護団だより　みんなして」No.46　福島原発事故被害弁護団2015年11月発行参照。

# 目　次

はじめに ……………………………………………………（田中　夏子）…… *iii*

## 1　福島事故──過去・現在・未来 ……………………（舘野　淳）…… *1*
　　はじめに──欠陥商品としての原発 ……………………………………… *1*
　　1．原発（軽水炉）の本質的欠陥 ………………………………………… *2*
　　2．「技術的冒険」の行くつく先 …………………………………………… *3*
　　3．最後の防衛線が突破されれば──シビアアクシデント ……………… *4*
　　4．新規制基準の「目玉」は地震とシビアアクシデント対策 …………… *5*
　　5．新規制基準の問題点 …………………………………………………… *7*
　　6．福島第一原発の現状と廃炉問題 ……………………………………… *8*
　　7．同じ過ちを繰り返すのか ……………………………………………… *9*
　　8．研究者の批判を弾圧してすすめられた原発建設 …………………… *10*

## 2　原子力災害から4年目の福島──食・農・くらしの再建と協働──
　　……………………………………………………………（小松　知未）…… *11*
　　はじめに …………………………………………………………………… *11*
　　1．農林水産業の動向 …………………………………………………… *12*
　　2．避難と帰還をめぐる状況 …………………………………………… *14*
　　3．福島で実践される協同組合間協同 ………………………………… *19*
　　おわりに …………………………………………………………………… *21*

## 3　原子力災害からの山村の復興と森林組合の「協同の任務」
　　……………………………………………………………（早尻　正宏）…… *23*
　　はじめに …………………………………………………………………… *23*
　　1．地域林業の原発被災と森林組合 …………………………………… *24*
　　2．原子力災害からの復旧・復興と森林組合の「協同の任務」 ……… *26*
　　まとめにかえて …………………………………………………………… *32*

## 4　放射能汚染からの農と暮らしの復興と協同組合の役割
　　……………………………………………………………（小山　良太）…… *34*
　　はじめに …………………………………………………………………… *34*
　　1．食と農に対する放射能汚染対策の現状と課題 …………………… *35*

2．なぜ福島県産農産物から放射性物質が検出されなくなったのか……… *36*
　　3．福島の生産者・産地の思い ……………………………………………… *37*
　　4．風評問題とメディア災害 ………………………………………………… *39*
　　5．福島県における協同組合組織の取組み ………………………………… *40*
　　おわりに―震災復興に逆行する農協改革 …………………………………… *42*

5　**試験操業に託した福島県の水産復興と社会災害―協同組合は汚染水漏洩問題にどう立ち向かうのか―** …………………………（濱田　武士）… *46*
　　はじめに ………………………………………………………………………… *46*
　　1．原発事故からの漁業の再開 ……………………………………………… *46*
　　2．試験操業の経過 …………………………………………………………… *48*
　　3．組織・業界内に突きつけられたもの …………………………………… *51*
　　4．難航する汚染水対策 ……………………………………………………… *52*
　　5．被災地に突き刺さる「汚染水問題」 …………………………………… *53*
　　6．汚染水漏洩事故をめぐる社会災害の構図 ……………………………… *54*
　　おわりに ………………………………………………………………………… *56*

6　**3.11を生きる二本松市東和地区に学ぶ―自給と暮らしの取戻しに向けて―** ………………………………………………………（飯塚　里恵子）… *58*
　　1．3.11　社会的変革点としての再認識 …………………………………… *58*
　　2．東和地区の3.11を支えた主体形成史―地域農業と暮らしを守る自治組織の取組み― ……………………………………………………… *59*
　　3．東和地区の復興への歩み―地域自治組織による先駆的放射能測定運動― …………………………………………………………………… *61*
　　4．地域農業を守ったお年寄りの自給畑 …………………………………… *63*
　　5．3.11後　再び自給畑へ向かったお年寄り―自然の力、土の力を信頼して― …………………………………………………………………… *64*
　　6．新たな世代が引き継ごうとしている東和の農業・暮らし …………… *66*
　　7．生業が向き合う課題―お金の論理に対抗した自給と暮らしの論理に向けて― ……………………………………………………………………… *67*

7　**福島の子ども保養―協同の力で被災した親子に笑顔を―**
　　……………………………………………………………（西村　一郎）… *69*
　　1．避難した親子は今 ………………………………………………………… *69*
　　2．子どもとしての強い願望 ………………………………………………… *70*
　　3．コヨットとは ……………………………………………………………… *71*

4．山農海で福島の親子のリフレッシュ……………………………… 72
　　5．14年夏の取組み ……………………………………………………… 73
　　6．コヨットの課題 ……………………………………………………… 73

⑧ 原発災害による避難農家の再起と協同組合の役割―離農の悔しさを
　　バネに「福島復興牧場」を建設へ―………………（河原林　孝由基）…78
　　はじめに ………………………………………………………………… 78
　　1．「福島復興牧場」の背景・目的 …………………………………… 79
　　2．「福島復興牧場」の概要 …………………………………………… 81
　　3．「福島復興牧場」に懸ける思い―5人へのインタビューから … 85
　　4．関係団体の支援 ……………………………………………………… 88
　　おわりに代えて―協同組合の役割と展望― ………………………… 90

⑨ 加害者保護へ向かう原子力損害賠償制度―議論なき改定、再び事
　　故へ― ……………………………………………（本間　照光）…92
　　1．議論なき改定の危うさ ……………………………………………… 92
　　2．欠いた災害対策・賠償マニュアル ………………………………… 93
　　3．加害者無責任・保護への改定 ……………………………………… 95
　　4．重大リスクを映し出す原賠制度、原子力保険 …………………… 97
　　5．なぜ、事実上破綻している東電ペースなのか …………………… 100
　　6．広く社会的議論を …………………………………………………… 104

⑩ 原発に頼らない電気を自分たちで作る―福島から全国へ、福島県
　　農民連による自然エネルギー発電所づくり―
　　　　　　　　　　　　　　　　　　………（豊田　陽介・佐々木　健洋）…113
　　1．福島県農民連のエネルギー自立に向けた取組み ………………… 113
　　2．NPOと協働した市民共同発電所の取組み ……………………… 114
　　3．農家が作る地域共同発電所の広がり ……………………………… 118
　　おわりに ………………………………………………………………… 120

⑪ 避難女性農業者による「小さな復興」の取組み―福島県飯舘村を
　　事例に― ………………………………………（岩崎　由美子）…122
　　はじめに ………………………………………………………………… 122
　　1．飯舘村の地域づくりと復興計画の概要 …………………………… 123
　　2．女性農業者による「小さな復興」の取組み ……………………… 126
　　まとめにかえて ………………………………………………………… 134

12 福島県における協同組合間協同―地産地消ふくしまネットの歩み―……………………………………………（阿高　あや）……137
　はじめに………………………………………………………………137
　1．福島県の概況……………………………………………………138
　2．福島県における協同運動の興り………………………………139
　3．協同組合協議会の設置…………………………………………141
　4．地産地消ふくしまネット………………………………………142
　5．福島大学の存在…………………………………………………144
　6．協同組合間協同による「ふくしまSTYLE」の復興…………146
　おわりにかえて―共益と公益をむすぶ「協同組合間協同」……148

13 風評被害の構造と5年目の対策………………（関谷　直也）……150
　はじめに………………………………………………………………150
　1．風評被害と消費者意識…………………………………………151
　2．風評被害と「流通」……………………………………………153
　3．風評被害を解決する上でのポイント…………………………157
　4．風評被害の対策…………………………………………………160
　おわりに………………………………………………………………162

14 福島県が抱える風評問題と地産地消を取り戻す意義―流通からのアプローチ―…………………………………（則藤　孝志）……165
　はじめに………………………………………………………………165
　1．風評問題を「流通」から捉える意義…………………………166
　2．原子力災害と学校給食・地産地消……………………………168
　3．5年目における地産地消低迷の構造的問題…………………171
　4．地産地消をめざす2つのフードコミュニケーション………172
　おわりに………………………………………………………………174

15 原発災害下での暮らしと仕事―座談会―
　………………（熊谷　純一・大内　信一・小山　良太・田中　夏子）……176

# 1

# 福島事故―過去・現在・未来

舘野　淳

## はじめに―欠陥商品としての原発

　2011年3月11日14時頃発生した東北地方太平洋沖地震によって引き起こされた福島原発事故は、原発事故としては考えられる限り最悪の形態、炉心溶融を引き起こし、その結果、大規模な放射能汚染・被ばく、15万人近い避難者と多数の帰還困難者、今後数十年にわたる事故の継続という、旧ソ連のチェルノブイリ事故にも匹敵する原子力災害をもたらした。そして事故から3年たった現在、政府（安倍政権）は新エネルギー基本計画を発表し、「原発ゼロ」を転換する方針を閣議決定した。議論の過程において「事故への反省」の文言さえも基本計画から一時消えたという（14年4月12日朝日新聞）。
　エネルギー政策の決定にあたって、現在用いられている原発（軽水炉）の欠陥と長所に関する科学的・技術的検討が十分行われたのだろうか。検討の結果を明示して国民多数の意見を聞いたのだろうか。また問題を先送りしてきた放射性廃棄物の処分の目途が立ったのであろうか。筆者にはそのように思えない。本質を蔽い隠したまま既成事実を積み上げて人々が忘れたころに収拾を図るという従来の政治的手法は、こと科学技術政策に関しては、最も行ってはならないやり方である。たとえ権力が強行できたとしても科学技術の誤った利用をおこなえば「自然」は人間に復讐し、わが国は再び原子力災害に直面するだろう。

科学者は占い師のように将来を予言する人種ではないが、長年日本の原子力開発を見てきたものとし、この点だけはぜひ言っておかなければならないと感じている。政策の決定要因はエネルギー需給、経済性、その他いろいろあろうが、少なくとも原子力に関しては安全性が第一であるはずであるし、その安全性を判断する基礎は科学・技術にあることは今更いうまでもないだろう。技術的観点からいえば現在用いられている原発（軽水炉）は本質的に「熱の制御が極めて困難」という欠陥を抱える「欠陥商品」といって差し支えないのである。

## 1．原発（軽水炉）の本質的欠陥

　原発はなぜそのような欠陥を抱えこむようになったのか。ここで少しばかり原発の技術的問題に触れることとする。現在わが国で使われている原発はすべて、原子力潜水艦用に米国で開発した原子炉を起源とする軽水炉と呼ばれるタイプの原子炉であり、基数ベースで83％を占める事実上の世界標準となっている。特に日本では原発といえば軽水炉以外には考えられない（60年代コルダーホール炉（東海1号）という異なる種類の発電炉が運転を開始したが現在は廃炉となっている）。

　原子力開発の初期のころから原子炉で起こりうる深刻な事故として二つのタイプが考えられてきた。一つは核反応が止まらずに暴走してしまう反応度事故（典型例はチェルノブイリ事故）、もう一つは冷却材（水）が失われて炉内が高温の「空焚き」状態になる冷却材喪失事故（スリーマイル島事故や福島事故）である。軽水炉の場合、前者は起こりにくいが後者の冷却材喪失事故は起こる可能性があり、かつ深刻な事態を引き起こすことが指摘されていた。事実、福島事故で見たように原因は何であれいったん冷却水が失われ、炉心が冷却不能になると炉心の温度は上昇し3,000℃近くにも達し炉心は溶けてしまう。

　軽水炉の設計者もこのことを心得ており、そのため緊急炉心冷却装置（ECCS）など、いざという時に炉心を冷却するための緊急手段・安全装置

を幾重にもつけてきた。福島事故では、あらゆる電源が失われても次の手段である電源不要の冷却装置が働いて、しばらくの間炉心の冷却を続けていた（例えば2号機では炉心溶融は地震発生3日後に起きた）。その意味で冷却水が失われて「空焚き」となる恐ろしさを一番知っていたのは原発の設計者であったともいえる。軽水炉はなぜそのような欠陥を持つに至ったのだろうか。それには開発の歴史的経緯がある。

## 2．「技術的冒険」の行くつく先

　50年代半ば米国で最初の軽水炉、加圧水型炉（PWR）及び沸騰水型炉（BWR）の原子力発電所が建設された。しかし、これらは規模（原発の電気出力）は10万〜20万kWと小さく、出力密度（「炉心」と呼ばれる燃料棒を詰め込んだ部分の単位体積当たりの出力、つまりどれだけエネルギーが集中的に生産されているかという目安）も比較的小さかった。このようにして生まれた原発は他の発電方法、特に火力発電所に対して経済的に太刀打ちできなかった。そこでウエスチングハウス（PWR）やGE（BWR）などの米国メーカーは、スケールメリットを追求、短期間に規模と出力密度を増やすことによって性能を飛躍的に向上させ経済競争力をつけていった。その増加のスピードはきわめて大きく55年から75年までの20年間で電気出力は10倍近く、出力密度は2倍（BWR）から5倍（PWR）となった。

　これは経験を積み重ね、失敗を修正しながら発展してきた他の技術に比べても異常であり、言ってみれば飛行機が発明された20年後に300人乗りの旅客機を製造するような「技術的冒険」とも言える展開だった。日本原子力産業会議の動力開発課長（その後神奈川大学教授）の川上幸一氏は「火力発電の場合は設計された発電所の運転経験を経て次の設計がなされたのに、原子力の場合は運転経験もなされないままに次々と大型化された原発の設計がすすめられていった」という趣旨を著書のなかで述べ原発の急速な大容量化を強く批判している（川上幸一著『原子力発電の光と影』1993年、電力新報社）。

　このようにエネルギーの集中生産を進めた結果、標準的な原発では直径も

高さもほぼ4mという極めて小さい炉心の中では300万世帯の電気使用量に相当するエネルギー（100万kW、熱エネルギーとしてその3倍）が発生し、この大量の熱を大型河川（例えば多摩川）の流量並みの毎時5万トンという冷却水で取り除いている。さらに悪いことには燃料の供給を止めれば直ちに熱の発生が止まる火力発電所などと異なり、原子炉が停止（核分裂が停止）しても放射線が発生する限り炉心の発熱は続く「崩壊熱」現象がある。一旦冷却システムが止まり熱の除去に失敗すれば、たちまち炉心の温度は上昇し炉心が融けてしまい大量の放射能放出という大災害につながる。このことは福島事故ですべての人が目の当たりにしたところである。

## 3．最後の防衛線が突破されれば―シビアアクシデント

このような大きな危険性に対して多重の安全対策―原子力の専門家は「多重防護」と呼ぶ―が取られてきた（多重防護とは具体的な安全装置などを指す場合もあるが、ここでは①故障など異常の発生防止、②異常の拡大防止、③事故影響の緩和、の「三重の壁」とする）。この三重の防壁によって収拾される範囲内の事故は設計者があらかじめ想定していた事故として設計規準事故と呼ばれる。この設計規準を超えた事故（つまり三重の壁を突破した事故）がシビアアクシデント（新規制基準では重大事故）である。

福島事故を例に挙げて説明しよう。地震発生により原子炉は運転（核反応）が停止したが、炉心で依然として発生する崩壊熱を冷却するためポンプを回して冷却水を循環させなければならない。ところが、地震により外部につながる送電線の鉄塔が倒壊して停電となりポンプを回すことができない。しかし、このような事態に備えて設置されていた非常用ディーゼル発電機がすぐ立ちあがって電力を供給し冷却水の循環も始まった。

ところが、地震発生後40分ほどして襲ってきた津波によってディーゼル発電機が浸水、機能を失って交流の電気は全く供給されなくなってしまった。冷却水の循環が止まると原子炉（圧力容器）内部の温度と圧力は上昇する。ここで設計者がつけていたもう一つの安全装置、「電源不要の冷却装置」が

働いて炉心の冷却を始めた。「電源不要の冷却装置」とは例えば原子炉内の蒸気を一部取り出して小型タービンを回し、これに直結するポンプをまわして冷却水を循環させる方法である。ここまでが原発設計者の想定した基準事故である。このまま冷却を続けることができれば事故は無事収束できただろう。

　しかし、これらの「電源不要の冷却装置」もいろいろな理由で機能を失い最終的には冷却水の循環が止まった。ここまで事態が悪化することは設計者も考えていなかった（考えていても、経済的理由などで対応措置（安全装置）が取られていなかった）。もはやこの一線をこえれば事故はシビアアクシデントと呼ぶことができる。シビアアクシデント領域に入ると、もはや（自動的に働く）安全装置は役に立たないので（厳密にいえば、圧力容器や、格納容器など受動的安全装置と呼ばれるものはまだ機能しているが、これも破損し放射能の閉じ込めはできなくなる）、そこにいる人間が八方手を尽くして事故収束にあたらなければならない。

　福島の現場でも運転員たちは照明が失われた暗闇の中、絶えず起こる余震との恐怖と闘いながら注水、ベントなどを行うべく必死の努力をした。しかしながら、こうした事態を全く想定していなかったためトレーニングは全く受けておらず、弁の開閉装置なども不備があり事故収束の努力はことごとく水泡に帰してメルトダウン、メルトスルー（溶融した炉心が原子炉圧力容器の底を抜けて格納容器に流出する）、水素爆発、大量の放射能放出と最悪の事態をたどっていった。

## 4．新規制基準の「目玉」は地震とシビアアクシデント対策

　福島事故をうけて従来の原子力安全委員会、原子力安全・保安院が廃止され、12年6月新規制委員会が発足、従来の安全審査に用いられた指針類に代わって新規制基準が翌13年7月施行された。現在、電力各社からの申請に対して、この新規制基準に基づいて再稼働への審査が行われている。かつて田中規制委員会委員長は「審査のハードルは高い」と述べたことがあるが、規

制委員会は従来のあまりにもひどい癒着体制の中で設置許可申請審査が行われた結果、明らかに危険と判断される、例えば活断層の直上に建設された原発、旧式・老朽化原発など一部原発を廃止して「健全な原発」の再稼働を目指しているとみてよいだろう。しかし新規制基準をクリアすれば果たして安全は確保できるのか、物差しである新規制基準に問題はないのだろうか。

　福島事故の原因が地震（及び津波）であったこともあり、その危険性には国民の眼が向けられている。地震、津波、火災などの一般に外部要因事故と呼ばれる事故は一度に多くの機器の損傷が起きる。一般の故障などのように一つの装置が壊れても次の装置でカバーできるという保証はない。このような一つの要因で多数の故障が起きる現象を共通要因故障（common mode failure）と呼んでいる。多重の壁は一斉に破られる可能性がある。多重防護の論理が成り立たないのである。

　地震に関して今一つ問題なのは福島事故の解明が進んでいない点である。福島事故に関する国会事故調査委員会は津波が到達する以前に、地震動による配管などの破損が生じこれがシビアアクシデントの原因となった、と指摘しているのに対して、政府事故調査委員会は、そのような損傷はなく津波による電源喪失が原因としており見解は対立している。津波だけが原因であるとすれば、これまで怠ってきた津波への対応を重点的に実施すればよいということになり浜岡原発のように15m近い防波堤を作り対応はできたとして再稼働を申請するケースも現れる。もし国会事故調査委員会の言うように地震動による破壊が直接原因だとすれば単なる耐震補強程度ではなく、軽水炉の構造自体を根底から考え直す必要も出てくるだろう。航空機事故などの場合は徹底的な事故検証に基づいて改善が行われる。福島では強い放射線にさえぎられて現場検証は全くできていない。活断層の判定だけでなく基準地震動の評価など問題は山積しているといえよう。

　次にシビアアクシデント対策についてである。チェルノブイリ事故を体験したヨーロッパなど海外では、国際的な原子力機関や政府の規制項目としてシビアアクシデント対策の実施が義務付けられている。すなわち、先に述べ

た三重の壁に加えて④炉心損傷防止、⑤災害の拡大防止の二つを加えた「五重の壁」を備えるのが国際標準となっている。ところが、わが国では一時、シビアアクシデント対策の法制化が検討されたが、規制当局と産業界の談合によって対策は事業者の自主規制に任せるということになってしまった（経緯については例えば、舘野淳『シビアアクシデントの脅威』2012年、東洋書店を参照）。この結果、ハード面でもソフト面でもシビアアクシデントに対する備えは取られておらず福島の惨状を招いてしまった。

　そのため、このシビアアクシデント対策が改訂の「目玉」となった新規制基準について政府は「世界一厳しい基準だ」（新エネルギー基本計画）などと述べているが、これは根拠がないという批判も多い（朝日新聞14年4月26日）。以下、問題点をいくつか挙げておこう。

## 5．新規制基準の問題点

　まず沸騰水型（BWR）についてである。加圧水型（PWR）に比べて格納容器の容量が極端に小さい。このため炉心溶融が起きた場合、内部で発生した水蒸気、水素、放射性物質を含むガスは格納容器を破損して原子炉建屋に放出され、水素の爆発限界をこえて福島事故で見たような水素爆発を起こす。これを防ぐ方法はベント（人為的に弁を開けて放射能を含むガスを環境に放出すること）である。新規制基準に適合するように改良されたBWRはフィルター付きのベント装置がつけられ直ちにベントができるようになるはずである。これまで「放射能は絶対に閉じ込めます」といっていた安全対策は「水素爆発が怖いので、直ちにベントをおこない環境に放出します。」という方針に大転換したことになる。果たしてこれでよいのだろうか（フィルターが付いているのでトリチウム以外の放射性物質は除かれることになっているが、その確実性は疑問である）。

　加圧水型（PWR）の場合はベントは行われず、発生する水素量が格納容器の容積に占める割合が少ないので「安全」という主張（電力の申請書）がなされている。しかし、この計算も多くのコンピューター・シミュレーショ

ンの例にもれず、その前提が崩れれば信頼できない。

　再稼働の審査は現存する軽水炉を大前提として行われているため、例えば落下した溶融炉心を受け止めるコアキャッチャーの新設など大改造は要求されていない。第二制御施設などを入れる「特定安全施設」の新設でさえ数年後で良いということになっている。審査は国民の安全・安心をとことん追求するものではなく、とりあえず「キズの少ない」原発（現在、九州電力川内原発がその候補に挙がっている）を動かして原発全面復活の手がかりにしようとしているとしか考えられない。

## 6．福島第一原発の現状と廃炉問題

　紙数も少なくなったので最後に福島の現状と将来についてふれておこう。福島は汚染水との格闘が日々続く典型的なウエット事故である。半ば圧力容器の中にとどまり、半ば格納容器の底にたまっている固化した溶融炉心（炉心デブリ）は熱を発生しているため、冷却しなければならない。このため現場では１～３号機に対して、各１日100トンの注水をおこなっている。原子炉圧力容器の上部から注入された水は破損部分を伝わって格納容器、原子炉建屋及びタービン建屋床に流れ落ちここに溜まる。各号機の建屋には事故以来の高濃度汚染水（10,000～100,000Bq/㎤）が10万トン程度（原稿執筆時）溜まっている。この汚染水をくみ上げセシウム除去装置（サリー）や多核種除去装置（アルプス）などの浄化装置を通して再び原子炉に注水する。これを循環注水冷却システムと呼んでいる。

　ところが原子炉建屋は建屋のひび割れ、その他何らかの原因で地下水脈に通じており、高濃度汚染水のたまり水には毎日合計400トンの地下水が流れ込んでいる。このままにしておくと高濃度汚染水は増加を続けるので浄化後その一部を取出し敷地内のタンクに溜めている。このようにして敷地内には汚染水（1,000～10,000Bq/㎤）を入れたタンクが増殖を続け時々、弁の誤操作、配管の破れ、タンクの破損などによりタンクから漏れた水で敷地の汚染事故が発生している。このため地下水流入防止策として、①地下水の流下する山

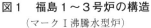

図1　福島1～3号炉の構造
（マークⅠ沸騰水型炉）

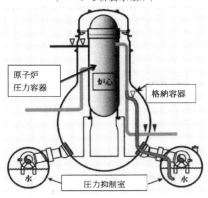

側に井戸を掘り水をくみ上げて海に捨てるバイパス法、②凍土法により地下に遮水壁を作る方法がこころみられているが成功する保証はない。炉心の取出しどころか燃料デブリ冷却の段階で、問題解決の目途が立たず四苦八苦している。

燃料デブリを取り出すためには現在の建屋の床（のたまり水）を通した大がかりな循環システムをやめて、格納容器内だけでのコンパクトな循環システムに切り替えなければならない。そのためには現在破損している格納容器を修理しなければならないが、極めて強い放射線下では修理はおろか破損個所の特定も困難を極めている。東京電力の描いた長期ロードマップによれば燃料デブリの取出しは10年後としているが、現状から見ればはなはだ怪しいとしか言えない。溶けて固まって燃料デブリの取出しは米国のスリーマイル事故の際の作業が参考にされると思われるが、スリーマイルでは溶融固化した炉心は圧力容器内にとどまっていた。圧力容器の底が抜けてしまった福島では取出し作業ははるかに困難である。いまだ世界で経験したことのない作業であり、遠隔操作の機器類、作業ロボットなど今後、技術開発が必要になる。

## 7．同じ過ちを繰り返すのか

事故収束についての監督責任を負っているのも規制委員会である。その規制委員会が事故収束の目途さえ立たない状況で（すなわち、再びメルトダウンが発生した際の収束方法が皆無である）再稼働へ向けての審査を進めているのは、およそほかの分野では考えらず異常としか言いようがない。航空機事故を例にとれば事故の原因究明が行われ、改善が行われて初めて、その型

式の運用が許される。事故直後「原子力ムラ」批判が一斉に起きたが、ここに至っても「原子力は特殊」という特権に胡坐をかいているのだろうか。そのような体質が残っている限り大事故はくりかえされ、住民は被害を受け、利用できる国土や資源は狭まる。かって原子力界に席を置いたものとして科学的に筋を通した問題解決が図られることを願うばかりである。

## 8．研究者の批判を弾圧してすすめられた原発建設

　70年代初頭、日本各地で原発の建設が一斉に始まった。その安全性に危惧を抱いた住民から、日本原子力研究所（原研）労働組合に、原発の安全性に関する問い合わせや講演依頼が相次いだ。当時原研の科学者たちは、米国からいわば「商品見本」として導入された動力試験炉（JPDR、現在の原発の1/100規模の沸騰水型軽水炉）の建設に携わった経験などから、軽水炉の技術には様々な問題があると考えており、全国に大量に建設を進めることには批判的だった。筆者はたまたま当時原研労組中執委員長であったが、組合では大会を開いて検討した結果、「原子力の開発は『自主・民主・公開』の平和利用三原則に基づいて、安全を確保しつつ行うべきであるが、安全に関して発言した科学者に圧力が加えられるなど開発の在り方に問題がある」ことを訴えることに決め、各地に講師を派遣した。これに対して、当時の宗像英二原研理事長は「国策として進める開発に、国の研究機関の職員が反対するとは何事か」という理由で、組合の原発講師派遣に対して弾圧をおこなった。人事考課制度を導入し、開発の在り方に批判的な科学者は決して昇格させないなどの処置をとった。このようにして開発推進に対する「異論」は排除され、事故後「原子力ムラ」と呼ばれて強く批判されるようになった、産官学癒着構造が出来上がっていった。事故後もこのような体質は変わっておらず、原子力界からは「再稼働」に象徴される、原発復活の声しか上がってこない。このような「批判を許容しない」人的システムに、リスクの高い技術を委ねるわけにはいかないと考える。

# ② 原子力災害から4年目の福島
―食・農・くらしの再建と協働―

小松　知未

## はじめに

　2011年の原子力災害直後に流れた「農林水産物の汚染」の情報は、食とくらしの安全性が脅かされていることを象徴する報道として全国を駆け巡り福島県の農業のみならず観光業、商業、生活にまでマイナスの影響を与えた。原子力災害の被災地の内部では、その認識は徐々に変わり始めている。

　12年度以降、福島県内では農林水産物・食品の放射性物質検査、生産管理体制が強化されたことで「食と農の再生」こそが、くらしの再建と地域復興の核となるとの確信が強くなっている。その実現に向け協同組合を中心として全国に支援の輪が広がり、「多様な主体による測定・検査・情報発信」が生産・消費・地域を守るというフレームワークが確立されつつある。ただ、放射性物質の影響が大きく営農・操業停止を余儀なくされた生産者の意欲の減退、今もなお避難生活が続く被災者の先の見えない絶望感は時間の経過と共に深刻になっている。

　結論を先取りすると「協働」に託される課題は、今なお苦境に立つ生産者や避難者に食と農を接点として「地域」に向けられた温かいまなざしを届け続けることと、これまでの実践の成果を広く社会に波及させることにあると考える。

## 1．農林水産業の動向

　はじめに福島県の農林水産業の動向を確認しておく。福島県は原子力災害前の10年時点で、全国で3番目に農家戸数が多く、米・野菜・畜産・果実を生産する我が国の主要な食料供給基地の一つであった。林業においても森林面積全国4位、林業経営体数全国5位と我が国のトップ5に入る林業県である。水産業では全国に占める生産額トータルのシェアは高くはないものの（海面漁業生産額全国21位）、カレイ類漁獲量全国4位、サンマ漁獲量全国4位など、いくつかの魚種では主要な水揚げ地となっていた。

　福島県の農林水産業は原子力災害により一変している。原子力災害前後（10年と11年）の産出額の差額を確認する。それぞれの減少額（前年比）をみると農業では479億円（79％）、林業では376億円（70％）、水産業95億円（48％）となっている。農林水産業の全ての分野に影響が及んでおり、産出額合計で950億円が減少したことが分かる。13年度まで続く産出額の減少は主に次の三つの要因による。

　第一は避難・津波被害による営農・操業停止とその長期化である。

　避難指示区域等を含む12市町村の状況を確認すると被災した7,130経営体中、営農を再開した農業経営体数は570経営体となっており、再開率はわずか8％に留まっている（13年3月11日現在）。作付可能なエリアは徐々に広がっているものの、営農再開の進度は行政が示す計画を下回っている。避難区域の再編と営農再開については次節で述べる。

　第二は特定の品目で放射性物質による作付・出荷制限が続いており、その解除後も生産が回復しないことによる。

　栽培きのこ類（原木しいたけなど）、ユズ・ウメ・クリなど特定の品目では13年度まで3カ年連続で出荷制限・出荷自粛が続いている。一方、農水産物モニタリング検査結果により出荷制限が解除された品目においても産地側の安全性確保に向けた慎重な対応と、生産意欲の減退により生産量は少ないまま推移している品目も存在する。

また、産地による生産管理（生産自粛を段階的に解除）が続いている品目は①福島県・市町村が生産台帳・出荷管理を行っている米（一部地域）、②あんぽ柿復興協議会（農業者・旧JA伊達みらい（2016年3月JAふくしま未来に合併）・3市町・伊達郡特産食品衛生協議会・福島県・農林水産省など）が幼果検査結果に基づき加工再開エリアを限定しているあんぽ柿（干し柿）、③福島県地域漁業復興会議（漁業者、漁協、仲介業者、販売業者、水産庁、有識者などにより構成）が指針を協議している漁業などである。

　漁業に関しては12年6月以降、相馬双葉漁協が試験操業と試験販売を開始している。14年2月現在、31魚種のみが対象となっており、放射性セシウムを体内濃縮しにくい魚種（イカ、タコなど頭足類や一部の貝類などを含む）を選定し定められた海域のみで操業をしている。魚種は原発事故前の約150種と比べ5分の1程度にとどまっており、魚種数・漁獲量の回復の見込みがたてられない厳しい状況が続いている。

　農業においては水稲への放射性物質の吸収抑制対策（カリ質肥料散布）、米全量全袋検査、あんぽ柿非破壊検査など生産・流通管理の体制が構築・強化され再開後の管理体制が急ピッチで整備された。一方で一度作付けを中止した生産者の意欲の減退が顕在化している。

　水稲作付制限とあんぽ柿の出荷自粛の対象となった地域の一つである福島県伊達市が13年1月に実施した全農業者対象の意向調査結果をみると、「原発事故により、将来の営農計画は震災前と変わりましたか？」という問いに対し「変化あり」が58％で、その理由は「農業を続ける意欲がなくなった」35％（全回答者に占める割合）、「一時営農を中止・縮小したら再開するのが難しい」8％、「農業後継者がいたが農業を継ぐのをやめた」4％であった。営農計画が変わった農業者の半数、全農業者の3割が営農意欲が減退したと回答しており、原子力災害後の営農環境の変化により多くの農業者が大きな心理的負担を感じていることが分かる。

　第三は農水産物の価格の低迷である。**表1**に福島県産の主要な農産物価格の推移を示した。福島県産のモモ・牛肉は3カ年連続で価格が震災前よりも

表1　福島県産農産物の価格動向

|  |  | モモ | | 肉牛（和牛） | |
|---|---|---|---|---|---|
|  |  | 全国 | 福島 | 全国 | 福島 |
| 価格<br>（円/kg） | 2010年 | 483 | 439 | 1,784 | 1,708 |
|  | 2011年 | 406 | 222 | 1,627 | 1,266 |
|  | 2012年 | 455 | 340 | 1,722 | 1,359 |
|  | 2013年 | 478 | 356 | 1,919 | 1,655 |
| 指数<br>（2010年<br>基準） | 2011年 | 84 | 51 | 91 | 74 |
|  | 2012年 | 94 | 77 | 97 | 80 |
|  | 2013年 | 99 | 81 | 108 | 97 |

資料：東京都中央卸売市場ホームページ市場統計情報。

低下している。また全国平均の価格と比較し、福島県産の価格が相対的に低くなっていることがわかる。福島県はモニタリング検査の検体を増やすとともに、福島県独自の対策として「ふくしまの恵み安全・安心推進事業（12年度開始）」によって地域協議会主体による産地ごとの自主検査体制の整備を進めている。モモについては12年度にいち早く検査体制が整備されている。

原子力災害後の福島県産果実の流通をみると、検査により放射性物質の含有量が基準値を下回っていることが確認されても（13年産は全サンプルで25Bq/kg未満）、例年通りの流通は困難であり産地は依然として厳しい状況下にあるといえる。

## 2．避難と帰還をめぐる状況

### （1）福島県の避難者

14年1月時点での福島県の避難者は13.7万人となっている。12年6月の16.4万人からは2.7万人（16％）減少しているものの、依然として多くの人々が避難生活を余儀なくされている。表2は福島県人口の推移を示している。震災・避難の影響により人口は200万人を割り195万人にまで落ち込んでいる。

表2　福島県の推計人口

|  | 世帯数<br>（千世帯） | 人口<br>（千人） | 年齢別人口（千人） | | |
|---|---|---|---|---|---|
|  |  |  | 0〜14歳 | 15〜64歳 | 老年人口<br>65歳以上 |
| 2011年3月 | 722 | 2,024 | 274 | 1,236 | 502 |
| 2012年3月 | 716 | 1,979 | 259 | 1,208 | 500 |
| 2013年10月 | 722 | 1,948 | 246 | 1,169 | 521 |
| 2014年1月 | 723 | 1,946 | 245 | 1,165 | 523 |
| 増減 | 1 | −79 | −29 | −71 | 21 |
| 増減率（％） | 0.1 | −3.9 | −10.6 | −5.7 | 4.2 |

資料：福島県現住人口調査月報。

特に、14歳以下の若年層の減少率はマイナス10.6％と大きくなっている。これは放射能問題の影響を受け、子どものいる世帯の避難が多かったことを示している。

### （2）避難区域の再編

表3に福島県内11市町村の避難区域再編の経過を時系列でまとめた。あわせて図1に再編の結果示された「帰宅困難区域」「居住制限区域」「避難指示解除準備

表3　避難区域再編の経過

| | | |
|---|---|---|
| 2012年 | 4月1日 | 田村市・川内村 |
| | 4月16日 | 南相馬市 |
| | 7月17日 | 飯舘村 |
| | 8月10日 | 楢葉町 |
| | 12月10日 | 大熊町 |
| 2013年 | 3月22日 | 葛尾村 |
| | 3月25日 | 富岡町 |
| | 4月1日 | 浪江町 |
| | 5月28日 | 双葉町 |
| | 8月8日 | 川俣町 |
| 2014年 | 4月1日 | 田村市 |

資料：福島県「ふくしま復興のあゆみ」第6版をもとに作成。

図1　避難区域の区分（13年8月現在）

資料：福島県「ふくしま復興のあゆみ」第6版p.3一部転載

区域」の範囲を示した。12年4月以降、市町村ごとに避難区域の再編が行われており、「避難を求めている区域」を徐々に狭める方針が示されている。

　政府は14年4月1日午前0時、東京電力福島第1原発事故に伴う田村市都路地区の避難指示解除準備区域の避難指示を解除した。第1原発から半径20km圏の旧警戒区域での避難解除は初めてである。今後は田村市に続き避難指示解除準備区域（該当9市町村）から、放射性物質の経年減衰と除染効果を見定めつつ順次、帰還が開始される予定になっている。また居住制限地域の除染も始まっており、帰還にむけた準備が進められている。

### (3)「帰還宣言」後の動向

　この間の避難指示が解除された地域の動向をみてみよう。全村避難を経て最も早く「帰還宣言」（12年3月）を示した川内村を例にあげる。13年10月現在、住民の帰村人口は18％となっている。一方、二地域居住（村内に週4日以上）は48％となっており、避難先と村内の二重生活を続けている住民が半数程度存在していることが特徴的である。営農面をみると、13年の水稲作付再開率は21％となっている。川内村では玄米が放射性物質の基準値を超えた例はないものの（13年産の全量全袋検査は99.9％が25Bq/kg未満）、営農再開に踏み切る農業者はまだ少数である。

　また、帰還を決めた市町村では行政機能・公共施設を再開させ、除染を推し進めている。川内村のように、避難先の郡山市や福島市よりも、村内の方が放射線の空間線量率が低い地点も存在するような地域であっても、帰還の進度は市町村の想定を下回ったまま推移している。図2に復興庁・福島県・市町村による住

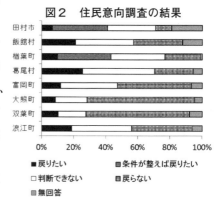

図2　住民意向調査の結果

資料：福島県「ふくしま復興のあゆみ」第6版 p.3一部転載

民意向調査の結果を掲載した。「戻りたい」と「条件が整えば戻りたい」を合算した割合は40％以下であることがわかる（楢葉町43％、田村市41％、葛尾村26％）。

　この調査結果からも避難指示が解除されても半数、場合によってはさらに少ない居住者数で農山漁村生活を始めなければならないのは川内村に限ったことではないことが分かる。避難指示が解除され除染に多額の費用を投じ様々な対策を講じていても、住民の帰還・営農再開は思うように進んでいない。そのため農山漁村コミュニティーが回復せず、コミュニティーにより管理されてきた里山・農地の荒廃が急速に進む危機的状況が続いている。

### （4）コミュニティーの再編成

　農山漁村コミュニティーは組織化した人的資源（土地改良区・水利組合・集落営農・結い手間替えなど）が核となって環境資源（山林・バイオマス・用水・農地・沿岸漁場など）を利用しながら維持されてきた。里山・用水路・農地の管理・利用には一定以上の「人員」と「機能組織」が必要である。帰還をはじめる地域においては当面の「人口減少」は避けられず、従前の機能組織が活動を継続するのは困難な状況にある。4年目を向かえた避難地域では「戻りたいが戻れない」という想いに加えて「自分だけが戻っても暮らせない」という現実が突きつけられている。

### （5）放射性物質と向き合う住民

　今後、居住制限が解除されたとしても当面は一部の帰還住民と、二地域居住者によって農山、漁村生活を始めなければならない。この厳しい状況下にあって避難中の住民が集まり、地域再生への一歩を模索している飯舘村大久保・外内地区の動向を紹介したい。この地区では避難後も欠かさず行政区の情報誌の配布を続けている。次に14年度はじめの区長あいさつを抜粋する。

　『避難生活も三年の歳月が経とうとしていますが、国の除染事業は思うように進まず、中間処理施設や原発事故処理も問題が山積しています。政府関

係者や政治家は口を開けば、「被災者に寄り添った迅速な対応」「福島の復興なくして日本の復興なし」といった、耳あたりの良い話は何回となく聞いていますが、私たちにその言葉の実感は全く感じられません。(中略)
　「避難解除後の生活設計がたてられない」ことが、私たちにとって最大の悩みであり(中略)要は国や県や村に求めるのみでなく、私たち自身も、自立できる生活設計を立てることも大事だと考えています。(飯舘村第12行政区情報誌第14号2014年4月7日発行)』
　自立できる生活設計を立てるため、この地区では行政区による復興計画を策定している。次に、その一部を記す。
　『大久保外内地区復興計画構想～こんな暮らしができるのならいいなあ～皆がそう思えるような復興計画を、私たちの知恵や力を出し合って創りましょう。
　目的：先人達が築いてきた農村文化と、自然との共生や環境保全を基本理念として、花と緑に囲まれ笑顔あふれる、大久保・外内地区の復興を創造することを目的とします。
　事業：目的達成のため次の事業を実施します。①地域住民の親睦融和促進事業、②地域生活文化継承事業、③農用地の保全管理事業、④自然環境との共生による振興事業、⑤その他目的達成の事業。(役員会資料14年4月13日)』
　この地区では14年4月現在、復興計画の策定と合わせて、すでにいくつかの活動に着手している。その一つが住民主体による放射線量分布マップの作成である(14年5月11日開始予定)。実施主体は住民であり「私たち自身、自分や家族のために測定する」もので行政区の役員が共通の認識を持ち、班単位で趣旨説明・賛同を得て全世帯を対象に行う予定である。この測定には福島大学うつくしまふくしま未来支援センター食農復興担当(後述する土壌スクリーニング・プロジェクトのサポートチーム)と新潟大学が協力している。
　ここまで避難者数・避難区域再編・進まない帰還の状況をみてきた。原子力災害の被災地域で賠償・除染・帰還の枠組みが提示された今、「くらし」

を立て直すことを目的に複雑に絡み合った問題を一つずつ解決する方法として避難中の地域住民が選択した手法が「住民主体による放射線量の測定」と「自身でつくる復興計画」であった。

　これは一刻も早く帰還したい人、迷っている人、移住を決めた人が一堂に会し、詳細に放射線量を測定し地域の現状を「実感」しながら住民間でその情報を共有する。あわせて中長期的に取り組む発展ビジョンを具体的に示し、創造性のある将来イメージを共有することで地域の活力をうみだそうという取組みなのである。

## 3．福島で実践される協同組合間協同

### （1）食・農・くらしの再建の枠組み

　復興のプロセスを模索するため、第一に地域の実態把握に着手するという発想は、避難地域のみならず福島全体で共通している。福島県内では協同組合と大学の連携により、食・農・くらしを再建するための取組みが展開されている。活動報告書から、その項目を抜粋すると下記の通りである。①農地（生産基盤）の汚染の測定活動、②食品や農産物の検査活動、③食事のまるごと測定、④体の測定、⑤食と農についての学習・交流・支援。

　このように土、食べ物、体を自ら測定していく実践と、その客観的データをベースとする学習活動が展開されている。「測定」を基本に食・農・くらしをトータルでみつめる活動である。福島の食と農の再生を牽引してきたのは県内の農協・漁協・生協・森林組合から構成される地産地消ふくしまネット、日本生協連、福島大学の連携によるものである。

### （2）地産地消ふくしまネット

　地産地消ふくしまネット（地産地消運動促進ふくしま協同組合協議会の通称）は、消費者・生活者・生産者・事業者の協同組合が、自主的・主体的に協同し、「地産地消」運動を促進するために08年に設立した組織である。福島県民が「地産地消」運動の目的を理解し健康で・明るく・持続可能な地域

社会づくりに貢献することを活動目的とし、県内の農協・漁協・森林組合・生協の4団体により構成されている。

　福島では原子力災害前から食・農・くらしをつなげる「地産地消」を接点に協同組合間協同が展開してきたことが分かる。原子力災害後は県内の団体による協同組合間協同の場が全国からの支援の結節点となっているのである。

(3) 日本生協連から福島へ

　日本生協連は全国の生協とともに被災者と被災地の生産者を支えるため「つながろうCO・OPアクションくらし応援募金」に取り組んできた。この募金は主に「福島の子ども保養プロジェクト」「各種放射線測定器の設置」「土壌スクリーニング・プロジェクト」に活用されている。次のコメントからも日本生協連の測定・支援活動の目的が、「食事の安全」から「福島の再生」「風評払拭」まで全方位に向いており、測定を土台にすることで、それぞれは矛盾しないと捉えられていることが分かる。

　『原発事故の放射能に向きあうためには、事実・現実から出発し、実態をできる限り数字で把握し、必要な対策を立てていくことが大事だと感じております。各家庭の食事に含まれる放射線量の測定を続けてきましたが、ほとんど問題となるような結果は出ず、数字をつかむことの重要性を示しました。農産物の風評被害への対策の鍵は、福島の人たちに思いを寄せて、事実を正確に、そして広く消費者に伝えることです（日本生協連会長コメントより抜粋［1］）』

(4) 土壌スクリーニング・プロジェクト

　このプロジェクトは、原子力災害への対応として、まず生産者が自分の生産基盤である農地の実態を知ることから始めようという指針に基づいてはじまったプロジェクトである。実施主体は旧JA新ふくしま（2016年3月JAふくしま未来に合併）で、地産地消ふくしまネット、日本生協連、福島大学が参画している。プロジェクトメンバーはJA新ふくしま管内において水田約

ボランティアとともに土壌測定

測定後、大学研究者も加わりワークショップ

3万圃場、果樹園約1万圃場を対象に圃場1筆ずつを網羅的に計測している。14年1月現在、水田で70％、果樹園で100％の測定が完了している。プロジェクトの始動以降、約60週にわたり全国約30生協から、のべ296名のボランティアが参加している（14年1月31日現在）。全国を巻き込んだ協同組合間協同の原動力は「食を守る」ことであり、その前提に「測定」が位置づけられている。測定対象に全国を流通する食品、生活者の身体のみならず地域資源である農地を加えたことで、連携はより強固となっている。

## おわりに

原子力災害後の食・農・くらしを再建するために避難中の地域住民、農業生産者、全国の消費者が選択した第一歩は「自ら測定すること」であった。大学は、そのサポートを続けている。原子力災害後の3年間で、「被災農山漁村と都市」、「生産者と消費者」は、「安全・安心な食・農・くらし」を求める点で共通認識を持てることが明らかになり、その実現に向けての協働が着実に進んでいるといえる。

ところが、原子力災害の被災地域の各地で実践してきた「詳細な実態把握」からはじまる着実な復興への道程は、4年目を向かえた14年現在でも法・予算・制度上の裏付けを得られていない。「自主的な活動」として継続・波及させざるを得ないことが大きな問題となっているのである。

次回以降の連載企画では今もなお続く原子力災害の深刻な状況と、それに立ち向かう多様な主体の連携事例を紹介していく。「協働」の実践と成果が社会制度の改革と、被災地の活力を取り戻すことに結びつく大きな原動力となることに期待したい。

**引用・転載文献**
［１］福島県生活協同組合連合会「福島の食と農の再生に向けて―全国生協から支援を受け、県内生協・地産地消福島ネット・福島大学の連携で取り組んだ３年間の活動報告」、2014年４月15日
［２］福島県新生ふくしま復興推進本部「ふくしま復興のあゆみ第６版」、2014年２月14日

**参考文献**
日本学術会議東日本大震災復興支援委員会福島復興支援分科会「原子力災害に伴う食と農の「風評」問題対策としての検査態勢の体系化に関する緊急提言」、2013年９月。
小山良太・小松知未『農の再生と食の安全―原発事故と福島の２年―』新日本出版社、2013年９月15日、pp.1-254。
小松知未「原子力災害後の食と農の再生」『福島大学の支援知をもとにしたテキスト災害復興支援学』福島大学うつくしまふくしま未来支援センター、八朔社、2014年３月28日、pp.165-175。

# 3

# 原子力災害からの山村の復興と森林組合の「協同の任務」

早尻　正宏

## はじめに

　福島県内の森林組合は、東京電力福島第一原子力発電所の事故にどのように向き合ってきたのか。避難指示区域等を組合の地区に含む3組合の実情を初めて報告してから1年、東日本大震災から数えれば3年半が過ぎようとしているが、放射性物質による森林の汚染は、国内有数の森林資源を背景に展開してきた福島県の林業に暗い影を落としている（早尻、2013）。本稿の課題は、林業情勢が好転する兆しがみられない中で、原子力災害から森林を再生し、林業を再建し、山村を復興する道筋を、被災各地の森林組合の協同実践から描き出すことにある。

　筆者はかつて、森林組合の組織運営および事業経営をめぐる厳しい現実を踏まえ、「森林組合にいま求められるのは、過酷な課題に個別で立ち向かうのではなく、原発事故をめぐる多様な課題に取り組む県内各地の協同組合セクターを巻き込み〔…中略…〕協同して解決策を事業化していくことではないだろうか」（早尻、2013、p.9）と述べたうえで、今後の研究課題として「森林と暮らしの再建に求められる『協同』の姿とは何か」（同上）を明らかにすることを提示した。その後も筆者は、福島県内の森林整備（植栽、保育、間伐等）の主要な担い手である森林組合の原発被災の実態と組合経営の課題を明らかにするため現地に通い、聞き取り調査を続けてきた。本稿では、こ

うした追加取材により入手した情報に基づき、積み残してきた課題に応えていきたいと思う。具体的には、原子力災害からの復旧・復興に果たす協同組合としての森林組合の役割、すなわち「協同の任務」について2つの森林組合の実践事例から考えてみたい。

　今回取り上げる第1の事例は、漁業者によって組織された協同組合である漁協と連携して震災復旧事業を進める相馬地方森林組合の協同実践である。第2の事例は、震災以降、事業量減という厳しい経営局面に直面しつつも、山村地域の定住条件の再整備に向けて森林環境の保全と地域雇用の創出に力を入れる、ふくしま中央森林組合の取り組みである。

　この2つの森林組合は地震、津波、原発事故という未曾有の「複合災害」（外岡、2012）から復旧・復興を一歩でも前に進めようと、自らの存立基盤である地域から「逃れることのできない」協同の担い手として、「協同の任務」を遂行するべく試行錯誤を続けてきた。両組合における協同実践の内容をICA1995年協同組合原則に当てはめるならば、前者は「協同組合間協同」（第6原則）の、後者は「コミュニティへの関与」（第7原則）の具体的展開であるということができる。

## 1．地域林業の原発被災と森林組合

　原発事故が福島県の森林、林業に与えた影響を概観しておこう。福島県は太平洋側から大きく浜通り地方、中通り地方、会津地方に区分されるが、県内は今、①原発事故により立ち入りが制限され営林が事実上停止している避難指示区域（浜通り、中通り）、②避難指示解除後も住民帰還が進まず営林再開の動きも鈍い避難指示区域の周辺エリア（浜通り、中通り）、③放射性物質による森林の汚染後も営林を継続するエリア（浜通り、中通り、会津）、④森林汚染もほとんどなく事故後も通常どおり営林を続けるエリア（浜通り、中通り、会津）—が混在している。

　避難指示区域（帰還困難区域、居住制限区域、避難指示解除準備区域）は14年4月時点で浜通りと中通り地方の10町村に設定され、避難住民数は約

③　原子力災害からの山村の復興と森林組合の「協同の任務」（早尻　正宏）

8万人（経済産業省原子力被災者生活支援チーム調べ、14年6月9日）に上る。避難指示区域では一部を除き住民の帰還の目途は立っておらず、森林への立ち入りが不可能なエリアが広がる（上記①）。また避難指示区域の周辺エリアでは、いわゆる自主避難者も少なくなく、住民の帰還が進まないところも多い（②）。こうしたエリア（①、②）で事業展開する森林組合によれば、県内外に散らばった避難住民の間には長引く避難生活の中で森林整備の熱意が低下する「森林離れ」がみられるという。

さらに、福島第一原発から放出された放射性物質が風に乗って拡散した結果、放射性物質による森林汚染という環境被害が県内全域に広がった（③）。このほか、会津地方のように原発事故の影響が比較的小さいエリアでも風評被害が発生しており、森林組合の中には東京電力に対し損害賠償を請求する動きもみられる（④）。

原子力災害による林業被害が地域ごとに多様な様相を示す中で、福島県の林業再建には何が必要か。筆者は、農業経済学者の小山良太が指摘するように、農林漁業という地域資源立地型産業の再建に必要なのは、「フローの損害」（経済的実害）や「ストックの損害」（インフラの損害）だけでなく、「社会関係資本の損害」にどう対処するかにある、と考えている（小山、2013）。山村社会に蓄積された人々の信頼関係やつながり、ネットワークが失われたままで本格的な営林再開は望み得ないからである。

森林組合には今、組合本体の営業被害や風評被害といった「フローの損害」や、組合員の森林（土地、立木）賠償といった「ストックの損害」だけでなく、毀損した「社会関係資本」の再構築—たとえば、森林への関心を失いつつある組合員や、県内外に避難した組合員の再組織化などが想定されよう—に取り組むという、森林所有者の協同組織として、また山村地域の数少ない協同の担い手として「固有」の役割を発揮することが期待されている。

福島県内の森林組合数は19組合（休眠組合1組合を含む）、そのうち沿岸部の浜通り地方に4組合、内陸部の中通り地方に7組合、会津地方に8組合が分布する。県内14組合が東京電力に損害賠償を請求したことからも分かる

ように、森林組合の原発被災は県内全域に及ぶ。その中でも原発事故の影響を強く受けたのが、11年4月に政府が設定した旧避難指示区域等（警戒区域、計画的避難区域、緊急時避難準備区域）を抱える12市町村を組合地区に含む浜通りと中通り地方の「被災組合」（6組合）である。

　これらの「被災組合」の中には、①組合地区内に避難指示区域が広がり事務所移転、組合員や役職員、作業班員の長期避難を余儀なくされる組合、②主力産品のシイタケ原木の生産・販売が不可能となり事業所の一つが閉鎖の危機にある組合、③製材加工に伴い発生するバーク（樹皮）の処理が進まず製材工場の敷地内に堆積し操業環境が悪化する組合―が含まれるなど、概して「被災組合」の事業経営は震災以降、厳しさを増している（早尻、2013）。

## 2．原子力災害からの復旧・復興と森林組合の「協同の任務」

### （1）相馬地方森林組合―「協同組合間協同」―

　相馬地方森林組合（組合員数2,607人、組合員所有森林面積17,818ha）は、宮城県と県境を接する新地町、相馬市、避難指示区域が一部含まれる南相馬市を組合の地区とする、県内では中規模の森林組合である（**写真1**）。同組合は、震災直後から行方不明者の捜索やがれき処理等の復旧事業に取り組んできた。その後も、高速道路の建設や住宅地の高台移転に伴う伐採作業、除染作業などの復興需要を軸に事業展開しており、主力事業であった森林整備事業の本格的再開には至っていない（**図1**）。

　この点にかかわって、14年6月に開催された通常総代会の提出議案書には、「未だ原発事故による放射能汚染の影響により、森林整備事業は限られた地域での業務を強いられ〔…中略…〕森林整備の推進が思うように進められない」（「第46回通常総代会提出議案書」（2014年6月27日）、

写真1　相馬地方森林組合の事務所

p.6）一方で、「加工製造部門においては復興住宅関連の木造住宅の兆しが見え」（同上）、また「林業機械を活用し、大震災による復旧・復興関連事業、宅地造成に関連する伐採事業〔…中略…〕、南相馬市や相馬市の除染事業等においても積極的に実施してきましたので、期待以上の成果を上げることが出来」たという記述がみられる。

ところで、震災以降、福島県では生業と暮らしの再建を結び付ける「協同組合間協同」の重要性が指摘され、農業については農協と生協の

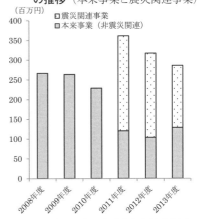

図1 相馬地方森林組合の事業総収益の推移（本来事業と震災関連事業）

資料：「通常総代会提出議案書」（相馬地方森林組合、各年度版）。
注：相馬地方森林組合の会計期間は5月1日〜翌年4月30日である。

連携による放射能汚染対策が実行に移されるなど具体的な成果も生まれつつある（平井、2013）。だが、数ある協同組合の中でも、森林組合における「協同組合間協同」の動きは、ここ福島に限らず全体的に低調である。こうした中で、相馬地方森林組合では漁協と連携した震災復旧の動きがみられる。以下に紹介するのは、震災発生からほどなくして、同組合が、相馬双葉漁業協同組合相馬原釜支所と連携して進めた流木処理事業の取り組みである。

相馬地方森林組合に対し、相馬市役所から休業中の漁師を流木処理で雇うことができないかという打診があったのは11年4月のことであった。同組合と漁協が協議した結果、市役所の要請を受け入れることを決め、5月初めに事業説明会を開催し、漁協を通して作業員を募集した。最終的に漁師32人が募集に応じたが、漁協によれば就労希望者はそれ以上いたという。GW明けに開始した作業の内容は流木の切断、枯死した海岸林の伐採、木を燃やすための流木の洗浄などであり、一連の作業はすべて手作業でおこなわれた。

事業開始当初の2ヵ月間は市役所の直轄事業として、その後は相馬地方森

林組合が市役所から受託するかたちで11年から13年５月までの２年間にわたり実施された。同組合は現場作業の指導員として現業職員と請負作業員を作業グループ（４人１組の８グループ）ごとに配置した。事業終了まで従事したのは10人であった。わずか２年間の取り組みであったが、この流木処理事業は、相馬地方森林組合と漁協の双方にとって「海」と「山」のつながりを認識する貴重な機会となった。

「海」の放射能汚染により操業停止を余儀なくされ、「えら呼吸の日々」（濱田、2013）を過ごす漁師からは「作業を通じ、『山』のことが分かってよかった」という声も聞かれた。このことは、漁師にとって今回の就労が、ただ単に生活の糧を得るだけでなく、「山」の仕事の意義とそこで働く人々の存在に気づく機会となったことを示している。

これまでも漁協サイドでは、福島県漁業協同組合連合会が推進役となり、各浜の女性部や青壮年部が豊かな海づくりを目指し森林整備（植栽、下刈）をおこなってきた。森林組合もその際、漁協と接触する機会はあったものの、両者が明確な目的意識をもって共同事業に取り組んだのは、今回が初めてであったという。

周知のとおり、福島県沖の漁業も試験操業の段階にあり本格的な再開の見通しは立っていない。また、14年７月中旬に相馬地方森林組合に筆者が再取材したところ、現在もまだ森林除染（生活圏）をはじめとする復興関連業務が事業の中心を占め、本来業務である森林整備事業には手が回っていないということだった。

このように、原子力災害からの復興に向けた課題は「海」にも「山」にもまだまだあり、農山漁村で暮らす人々が日常を取り戻すことは簡単ではない。森林組合と漁協を結び付けた流木処理事業が終わり、両者の関係を今後どう発展させるか。その後の具体的な事業展開はまだみられないとしても、筆者が何よりも大切であると考えるのは、今回の経験を通じて地域産業の再建課題を両者が共有し、「協同組合間協同」による協同実践の土台が形成されたという点である。それこそが原子力災害という過酷な課題に立ち向かうため

③　原子力災害からの山村の復興と森林組合の「協同の任務」（早尻　正宏）　29

に必要な一歩であるように思われる。

**（２）ふくしま中央森林組合─「コミュニティへの関与」─**

　ふくしま中央森林組合（組合員数8,599人、組合員所有森林面積34,396ha）は２市５町３村を組合地区とする県内では最も地区面積が大きい広域組合である。本所を構える小野町から離れた飛び地の田村市都路地区（旧都路村）の一部が、14年４月に解除されるまで避難指示区域に指定されていた。

　田村市都路地区を事業区域とする同組合の都路事業所は組合全体の事業総収益の約半分を稼ぎ出す組合経営の屋台骨であったが、シイタケ原木林の放射能汚染により、その主要な収益源であるシイタケ原木の関連事業（原木林の育成、原木およびオガ粉の生産・販売）が壊滅した（**写真２**、**写真３**）。その結果、通年作業員数は55人（2010年度）から35人（13年度）に、季節作業員数は45人（09年度）から３人（13年度）に減少するなど雇用が失われた。

写真２　ふくしま中央森林組合都路事業所の事務所

　ふくしま中央森林組合の経営は一気に悪化し、12年度の事業総収益は県内首位の座から転落した。本業の儲けを示す事業利益は12年度まで赤字を計上するなど震災以降、業績低迷が続く（**図２**）。ふくしま中央森林組合の広報誌、「森林組合だより　やまがら」（2014年７月、第８号）には、「田村市都路町の避難指示解除準備区域が本年４月１日に解除されましたが、今なお避難を余儀なくされている組合員がいるだけでなく、事業活動が

写真３　震災以来、操業停止状態にあるふくしま中央森林組合の菌床栽培用オガ工場

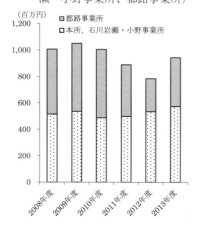

図2 ふくしま中央森林組合の事業総収益の推移（本所・石川岩瀬・小野事業所、都路事業所）

資料：「事業運営の推移（平成20年度から平成25年度）」（ふくしま中央森林組合都路事業所、2014年6月）。

縮小しており、依然として復興への道筋が不透明で今後に対する不安を残しています」（p.2）という組合長の談話が掲載されているが、このように震災から3年4ヵ月を経てなお、事業経営は先行きがみえない状態が続いている。

ふくしま中央森林組合内では一時、組合本体の経営を揺るがした都路事業所の閉鎖も検討されたが、13年6月に就任した新組合長のもとで再建に向けた動きを強め事業所の再建計画づくりを進めてきた。筆者もその計画づくりに協力し、その内容は、「都路事業所―原発災害後の現状と今後―」（以下、「計画書」という）としてまとめられた。「計画書」では、はじめに、都路事業所におけるシイタケ原木の生産・販売が森林所有者に安定的な収入をもたらしてきただけでなく、都路地区の森林環境の保全や、ポスト原発建設における地域住民の雇用創出に結び付いてきたという旧都路村森林組合以来の活動成果が振り返られた。

そのうえで14年度から5年間の「原発災害復興に向けた都路事業所運営計画案」として、都路地区における森林環境の保全と定住条件の創出を実現するため、営林の継続と雇用の維持をこれまでどおり図っていくという再建方針が打ち出された。具体的には、旧都路村森林組合の時代から40年間かけて確立してきた、20年サイクルで年間約100haを伐採するという広葉樹資源利用体系を堅持するべく、シイタケ原木に代わる需要の開拓に努める方針が示された。

「計画書」の特徴は、事業所の再建を住民の帰還がなかなか進まない都路

地区のコミュニティの再建と結び付けている点にある。この点にかかわって、ふくしま中央森林組合では06年の合併後も、①事業所単位で損益計算をおこなうなど事業所経営の自律性を保障してきたこと、②都路事業所の通年作業員をほぼ全員、組合員としてきたこと―を指摘しておきたい。

①は各事業所・事務所が地域事情に応じた事業展開を継続、発展させることを可能とするための基礎的条件となっている。都路事業所が原発被災という地域の現実に正面から向き合い、事業所再建と山村コミュニティの復興を一体的に進める計画書を策定できた背景には、こうした組織内の「分権化」(田代、2007)というふくしま中央森林組合の経営方針があった。

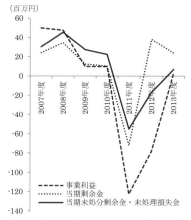

図3 震災前後でみたふくしま中央森林組合の各種損益の推移

資料:「通常総代会提出議案」(ふくしま中央森林組合、各年度版)。

②についてみると、都路事業所では、前身の旧都路村森林組合の時代から、直営作業員のうち、地区内に住む非森林所有者や地区外の居住者についても准組合員として組合に加入させてきた。旧組合では現場作業員を組合メンバーの一員として迎え入れることで山村コミュニティの一体感を醸成してきたのである。こうしたコミュニティを基盤とした協同実践の積み重ねが、今回の計画書づくりにも反映されているといえよう。

「計画書」の内容自体は、木質バイオマス発電向けチップの生産・販売や、シイタケ原木とチップの価格差の補填を東京電力に求めることなど、現段階では未確定な前提条件に基づき組み立てられており、その先行きは必ずしも楽観できない。とはいえ、一度は事業所閉鎖に傾きかけた組合が、山村地域から「逃れることのできない」協同の担い手として自らの位置を再確認する中で、「山村コミュニティの主体は山村住民であり、その自治が山村再生の

要である」（菊間、2011、p.160）という見地から「雇用の創出とコミュニティの維持」（同上）を実現するべく経営再建に取り組む姿は、原子力災害からの復興に果たす協同組合セクターの一つの方向性（「コミュニティへの関与」）を示しているように思われる。

## まとめにかえて

　言うまでもなく、良好な森林環境を維持するには山村に人々が住み続けることが大切である。この当たり前の世界を取り戻すためにも、生まれ育った場所に安心して帰還できるよう有形無形のインフラを整え、山村住民が安定的に働き暮らせる定住条件を確保する必要がある。それにはまず、「政府の任務」（国、福島県、県内市町村）が遂行されるべきであること─ただし、森林全体の除染に終始後ろ向きな国、マンパワー不足により林業再建策を実行に移せない市町村、その狭間で試行錯誤を続ける県というように「政府」の足並みは揃っておらず、残念ながら「政府の任務」が有効に機能しているとは言い難い─は論をまたない（早尻、2014c）。

　そのうえで「被災組合」には今、この「当たり前の世界」を取り戻す役割が期待されている。具体的には、定住条件の整備を通じ山村住民の帰還を実現するべく、地域森林管理に責任をもつ林業事業体として、また森林所有者の協同組織として、さらには山間地域の非営利・協同の担い手として「協同の任務」を着実に遂行することである。

　これまでも「被災組合」は個々に、放射性物質による森林汚染という前例のない事態に当惑しつつも事業継続に向け奮闘してきた。だが、この先、山村住民の長期避難と放射性物質による森林汚染という過酷な現実から福島県の森林を再生し、林業を再建し、山村を復興するうえで必要なことは、組合個々の努力はもちろん、林業という一産業分野を越えた協同実践の積み重ねであるように思われる。

　その意味で、今回紹介した相馬地方森林組合における森林組合と漁協の連携（「協同組合間協同」）による震災復旧の取り組み、また、ふくしま中央森

林組合における山村コミュニティの再生実践（「コミュニティへの関与」）は、その一つの指針となるのではないだろうか。この「協同組合間協同」と「コミュニティへの関与」を軸にして「協同の任務」を遂行すること。それこそが「被災組合」にいま必要なことである。

　　付記　相馬地方森林組合の代表理事組合長・武澤治平氏、元事業部長・鎌田重昭氏、ふくしま中央森林組合の代表理事組合長・永沼幸人氏、前参事・吉田昭一氏には、ご多忙にもかかわらず快く取材に応じていただいた。記してお礼を申し上げる。なお、本稿は、筆者が書き溜めてきた雑誌記事（早尻、2014a；同、2014b；同、2014c）に加筆・修正し、さらに追加取材を加えてまとめたものである。

**参考文献**
菊間満（2011）「森林組合を『労働』から再考する─小規模森林組合等のミニシンポ報告をかねて─」（ベルント・シュトレルケ編、菊間満訳『世界の林業労働者が自らを語る─われわれはいかに働き暮らすのか─』183p、日本林業調査会、東京）、153-163。
小山良太（2013）「食と農の再生に向けた現状と課題─『風評』問題と検査体制─」（小山良太・小松知未編『農の再生と食の安全─原発事故と福島の２年─』245p、新日本出版社、東京）、28-49。
外岡秀俊（2012）『3・11　複合被災』314p、岩波書店、東京。
田代洋一（2007）『この国のかたちと農業』237p、筑波書房、東京。
濱田武士（2013）『漁業と震災』309p、みすず書房、東京。
早尻正宏（2013）「原発災害後の森林組合の取り組み─その現状と課題─」『協同組合研究誌にじ』643：1-9。
早尻正宏（2014a）「原発事故に翻弄される林業・林産業界」『共済と保険』667：8-11。
早尻正宏（2014b）「原子力災害後の福島県林業と森林組合の取り組み」『山林』1558：19-28。
早尻正宏（2014c）「福島の林業再建に何が必要か─「公共の任務」を考える─」『森林科学』72：21-24。
平井有太（2013）「協同組合間協同の実践現場から─全国からのボランティアとの歩み─」（小山良太・小松知未編、前掲書）、191-214。

# 4

# 放射能汚染からの農と暮らしの復興と
# 協同組合の役割

小山　良太

## はじめに

　福島県では14年度から「避難指示区域」（避難指示解除準備区域、居住制限区域の一部）での米の作付再開を目指す実証栽培が始まった。原発事故後、これまで手を入れることのできなかった農地での作付再開にともなうリスクの確認が目的である。一度は放射能汚染にさらされた農地も除染後、セシウムの吸収抑制剤が散布され試験栽培が行われるなど、さまざまな取組みが続けられてきた。米は「全量全袋検査」によって福島県内の全ての米（約1,000万袋・35万トン）を検査している。13年産米で基準値を超えた米は全体の0.0003％に過ぎない。しかも全て隔離され市場には流通しない体制である。また全体の99.93％は測定下限値（25Bq/kg）未満であり、基準値を大幅に下回っている。

　13年産米で基準値を超えた玄米28袋のうち27袋が、事故後初めて作付けした一部地域（南相馬市太田地区など[1]）で生産されたもので市場には流通していない。現在、流通している福島県産の米の安全性は原発事故当初に比べ、あるいは汚染が広がった他地域に比べても格段に高まったと言ってよい。その一方で福島県内の農家には「風評」問題が今も重くのしかかっている。事故から3年が過ぎてなお風評被害が続く原因の一つには11年初年度の対応の失策がある。原発事故による避難地域では1kg当たり5,000Bqを超えるという基準で全農地での米の作付制限が行われたが、それ以外の地域では作付が

認められた。しかし、実際には避難地域以外でも高い放射能汚染を示した地域があった。その結果、基準値を超える米が検出され、福島県産の作物の安全性は大きく揺らいだ。

　2年目以降、作付制限の対象地域を拡大し、全量全袋検査を実施するなどの安全対策を講じたが、原発事故の報道を繰り返し視聴してきている一般消費者には、1度であっても基準値を超える米が出た印象は非常に強く、2年目以降の安全対策の情報が消費者には伝わりにくくなっている。消費者庁の調査[2]では、消費者の26.9％が、福島県での全量・全袋検査などの放射能検査について知らないという結果が出ているのである。そこで本稿では、放射能汚染からの農と暮らしの復興に向けた福島県の3年半の取組みと現段階の問題点を明らかにした上で福島県における協同組合組織の役割について考察していく。

## 1．食と農に対する放射能汚染対策の現状と課題

　日本学術会議[3]では「風評」問題への対策として、農地1枚ごとの放射性物質や土壌成分などの計測と検査態勢の体系化を提言している。風評被害を防ぐためには、まず消費者が安全を確認できる体制と安心の根拠を担保することが必要である。現在の風評被害を解決するためには現行の出口対策（全量全袋検査など）のみに頼るのではなく、生産段階（入口）における対策が必要である。放射性物質分布の詳細マップを作成し、さらに土壌からの放射性物質の農産物への移行に関する研究成果を普及し、有効な吸収抑制対策を実施することが求められている。

　震災後、チェルノブイリ原発事故で被害を受けたベラルーシ・ウクライナを視察した際[4]、多くの放射線関係の専門家が語る放射能汚染対策は農地1枚ずつの汚染マップの作成であった。汚染の実態を明らかにし、生産段階（入口）で放射能汚染を限りなくゼロに近づける対策を講じることが消費者に安心してもらえる方法である。福島県では生産段階の吸収抑制対策を12年から推進している。

さらに農地1枚ごとの汚染度・土壌成分マップ、放射性物質の移行データから農地レベルでの農作物の栽培に関する認証制度を設けることも消費者の安心につながる。

この認証制度を福島だけでなく汚染が拡大した全地域に適用し、消費者の安心を確保することが重要である。例えば、GAP（Good Agricultural Practice、農業生産工程管理）やHACCP（Hazard Analysis Critical Control Point、危害分析重要管理点）などの制度がある[5]。放射性物質検査においても生産段階から加工、集出荷、販売の各段階でリスク管理を行う体制に適用可能か検討する必要がある。牛海綿状脳症（BSE）対策として制定された牛肉トレーサビリティー法のように国が法律に基づいて認証する制度をつくることが求められている。

原発事故直後から、福島では地域住民や農業者を主体とする地域再生に向けた先進的な取組みが実施されてきた。汚染や土壌成分のマップが整備されれば、将来的に、その農地にあった農作物をつくる希望も生まれる。損害に対する賠償も当然必要であるが、こうした地域の取組みを後押しするための法律制定などインフラ整備に国は取り組むべきである。

## 2．なぜ福島県産農産物から放射性物質が検出されなくなったのか

13年・14年の福島県産の農作物については放射性物質が検出されない作物がほとんどである。国の基準値を超える放射性物質（100Bq超/kg）が検出されたのは、山菜など採取性の作物や乾燥食品など特定の品目に限られている。検出されない要因は大きく3つある。

1つは放射性セシウムは土壌に吸着し、土壌から農作物にほとんど吸収されないという事実である[6]。原発事故当初は空気中に放出された放射性物質が葉に付着し植物体に吸収された（葉面吸収）ため基準値を超える農産物が検出された。土壌から植物体に吸収される（経根吸収）放射性セシウム濃度の比率を「移行係数」と呼ぶが、園芸作物・野菜類の「移行係数」は0.0001～0.005と、とても小さい値であることも解明されている[7]。

2つは吸収抑制対策や除染の効果である。福島県では土にカリウム肥料を施肥する取組みを推進している（12年度より）。土壌中のカリウムはセシウムと似た性質を有するため植物体への吸収過程で競合が起こり、セシウム吸収を抑える効果がある[8]。また果樹では高圧洗浄機の使用や、樹皮をはぎ取る「除染」対策を施している。

　3つは原発事故から3年が経過し放射性物質が自然に減少してきている点である。今回の原発事故で放出されたセシウム総量の半分を占めるセシウム134は半減期が2年である。放射線量は理論的にも実際の測定値としても11年の4分の3以下まで減少している。しかし検査によって基準値超えの農産物が検出されないという事実があっても、農家や消費者の中には「本当に大丈夫か」「そもそも汚染状況はどうなのか」という不安は存在する。

　この解決の糸口が「入口」対策である。避難区域を除くと相対的に放射性物質の影響が大きかったのが福島県中通り北部である。福島県北のJA新ふくしま管内では田畑一つひとつを調べて詳細な汚染マップをつくる「土壌スクリーニング・プロジェクト（通称：どじょスク）」が実施された。生産者にとって目の前の田畑の現状を知るには測定して放射能汚染の実態を把握するしかない。測ったうえで放射性物質の特徴や吸収抑制対策の効果を理解すれば「なぜ自分の田畑から数値が出ないのか、なぜこの農産物からは放射性物質が検出されないのか」を実感できる。自らが「実感」できなければ消費者や流通業者に「説明」できない。この考え方は営農指導の基本である。

## 3．福島の生産者・産地の思い

　ここで強調したいのは生産者や産地が自主的に検査や汚染対策などの対策をとり続けているという事実である。農家も漁師も自ら生産するもの以外は商品を購入している「消費者」である。また、その子供や孫などの家族も消費財を購入して生活している。この意味でも「一番安全なものを届けたい」という強い想いは他の消費者と変わらない。その思いから自ら動いて対策をとり続けているのである。

伊達市霊山町小国地区では、住民組織をつくって自分たちで放射線量分布マップを作成し暮らしと営農の再開にむけての基礎データとしている[9]。二本松市の旧東和町では、農家やNPO法人が土や作物を検査することで地域の有機農業や直売所の継続に努めている[10]。ふくしま土壌クラブでは、若手果樹生産者を中心に土壌の測定を実施し、除染、安全検査、情報共有と消費者への提供を進めることで新たな販路の拡大を目指している[11]。生産現場は放射性セシウムを含まない安全な農産物の生産を目指しているのである。

福島県の米の全袋検査（2013年産米）

伊達市月舘の農家による街なかマルシェへの出店

福島の対策は生産から流通・消費まで、放射能検査リスクをトータルで管理するための取組みである。それは単なる放射能汚染問題だけでなく、農薬などのリスクを含めた管理体制に繋がる。さらに農産物の食味を向上させる取組みにまで広がる可能性がある。現地では「おいしくて安全なものを皆で確実につくろう」という機運が高まりつつある。

これまで福島県の農家の誰が、どんな汚染対策を施したかを把握することは困難であった。しかし、米では全量全袋検査という全販売農家が参加したデータベースが整備されている。これを活用すれば将来的には、放射能汚染対策を超えて世界一の管理体制のもと安全でおいしいものを生産している県であることを打ち出していくことも可能となる。元来、福島県は生産力の高い豊かな農業地帯であり、生産量全国10位以内の農作物が複数ある総合産地であるという強みを有していた。福島県は実直に放射能汚染対策を進める中

で、多品目の農林水産物を生産しているトータルブランド力と安全性・高品質性を武器に新たな市場を開拓していくための基礎作りの段階にあるといえる。

## 4．風評問題とメディア災害

「風評」被害に関して文部科学省指針[12]では「原発事故に伴う原子力損害としての風評被害」とは「報道等により広く知らされた事実によって、商品又はサービスに関する放射性物質による汚染の危険性を懸念した消費者又は取引先により当該商品又はサービスの買い控え、取引停止等をされたために生じた被害」と定義している。また日本学術会議福島復興部会[13]では「当該農産物が実際には安全であるにも関わらず、消費者が安全ではないという噂を信じて不買行動をとることによって、被災地の生産者（農家）に不利益をもたらすこと」と定義している。

つまり、実際には安全であることが担保されていて食品中放射性物質の基準値を超える農産物が流通しないことが前提であり、その前提の上でも「噂」を信じて不安になり不買行動をとる場合に、はじめて風評被害となるのである。しかし現段階の消費者行動は上記の定義に当てはまるかというとそうとは言えない。原子力災害において「風評」という用語を安易に用いることは消費者に責任転嫁し放射能汚染を「生産者」対「消費者」の問題に矮小化することに繋がる。適切な情報がない中で農産物購入の選択肢を狭められる消費者も「風評」問題の被害者である。生産者や消費者など国の放射能汚染対策の不備に翻弄される関係者すべてが「風評」問題の被害者なのである。

メディアでは汚染水問題など放射能汚染「問題」は報道されるが、放射能汚染「対策」については3年が経過した今、ほとんど報道されない状況となっている。また放射線に関するリスクコミュニケーションにおいても低い放射線のリスクの小ささと安全性については詳細に説明されるが、検査態勢やそれを担保する法令についての説明が希薄であることも問題である。これに関連して14年5月に生じた「美味しんぼ問題[14]」では、東京海洋大学准教授

濱田武士氏が提起した表現を用いれば、メディア災害[15]の側面が混乱を助長したと考えている。

　当該の漫画自体を読んで福島は危ないから旅行を止めようと判断した観光客や、この漫画自体の影響で福島県産の農産物の購入を控えた消費者が何人いるのであろうか。多くは加熱する報道の中で、静かに休養するために今わざわざ話題となっている福島市に行くことはやめておこうなどメディア報道を受けての判断だったのではないか。同じ週には国会で集団的自衛権について議論が行われる中でメディア報道はただの一漫画の表現についての議論に終始した。政府にとっては体の良いスケープゴートとなったのではないか。今求められているのは注目度は低いが、放射能汚染への対策を一歩ずつ進めている現地の努力を真摯に報道する姿勢ではないか。

## 5．福島県における協同組合組織の取組み

　震災・原発事故から3年以上が経過し、福島では地域独自の取組みを継続してきた。JA新ふくしまと福島県生協連による土壌スクリーニング・プロジェクトは、JAグループ福島として全県的な土壌測定事業に発展することが決まった（14年6月）。企画・立案、事務局機能は福島県農協中央会（以下、県中央会）である。風評対策としてはじまった「ふくしま応援隊」はJAと生協のみならず森林組合、漁協も参加する地産地消ネットふくしまの事業として全県的な広がりをみせている。また地産地消ネットふくしまは、2012国際協同組合年福島実行委員会の後継組織となることが決まり（12年7月5日、福島県国際協同組合デー）、専任研究員2名を採用し常設機関として活動することを目指している。

　福島県独自の米の全量全袋検査も3年目を迎えるが、この実施主体は地域の協議会であり、その中心は農協組織である。これを全県的に標準化し情報共有していく機能は行政機関である福島県と県中央会に他ならない。2,000億円に迫ろうとしている農産物の損害賠償の窓口は「JAグループ東京電力原発事故農畜産物損害賠償対策福島県協議会（11年4月26日設立）」であり、

その事務局は県中央会である。被災自治体や現地の協同組合組織がこれだけの取組みを進める中で国・政府はその役割を果たしているのか。立法府では、これまで想定されてこなかった規模の原子力災害に対して総合的・包括的な法令を整備すべきである。法制度が整備されない中で現地の自助努力に頼ることには限界が来ている。

食と農の再生に関して今回の原子力災害の最大の問題は、放射能汚染により農産物が売れないといった経営面に限った事柄だけではなく生産基盤である農地、ひいてはそれを維持する農村という共同体それ自体も大きく毀損したことである。福島県では地域の担い手や集落での営農方式などが受けた損害から、どのように地域農業を再生させるのかが大きな課題となっている。生産段階でのリスク対策の費用対効果に関して「土壌スクリーニング・プロジェクト」を実施しているJA新ふくしま管内では、水田28,382圃場に対し約14億円をかけて塩化カリウム施肥等による吸収抑制対策を実施している。

しかし、全ての圃場に放射性物質が基準値を超える米が生産されるリスクがあるわけではない。農地のベクレル計測を実施していない段階ではリスクが高いのはどの圃場なのかを特定することが出来ないため無駄なカリウムの施肥も行わざるを得ない。13年度の福島市の全量全袋検査で詳細検査にまわった米は9袋であり、最小限その地点だけでも土壌診断を実施すれば僅か9万円（1回1万円）の費用で移行要因分析に繋げることが出来る。管内全農地を測定する土壌スクリーニング調査の費用は約3,800万円（335日間、2012年4月24日～2013年11月30日）にとどまっている。

放射能検査と汚染対策における安全性に対する考え方を事後的「出口検査」から事前的「入口検査」も含めたものに転換することが必要なのである。「出口検査」だけで全て安全であると言い切ったとしても、地域が限定されているとはいえ同じ福島県内で基準値を超える米が生産されている現状では、生産者・消費者ともに不安を拭い去ることは出来ない[16]。実際に生産者自身が不安を抱えている。原発事故直後より現地で試行錯誤の中で展開されてきた対策を合理的に体系化し、消費者に対するより科学的で説得的な説明と対話

を促す前提を作る検査態勢と放射能汚染対策が必要である。

## おわりに—震災復興に逆行する農協改革

　思い出してみてほしい。原発事故で日本全国が混乱のさなかにあった11年4月の段階で、福島県農協中央会は福島県内の単協、農家、行政に呼びかけ損害賠償の窓口をかって出たのである。その応援、サポートを徹底的に行ったのが他でもない全国農協中央会（以下、全中）であった。筆者も震災の混乱の中、様々な会議や調査研究の中で農協の県組織、全国組織と協議を行った。その仕事量は中央の政治家や中央行政機関の比ではない。

　このような中、TPP参加問題に続いて規制改革会議「農業・農協改革」問題である。また、地域の、草の根の取組みの足を引っ張るのかという感が否めない。現政権の新成長戦略では、農業・農家の所得倍増のために6次産業化、輸出農業の拡大を目指し、そのための障壁となる①農業委員会等の見直し、②農業生産法人の見直し、③農業協同組合の見直し等、岩盤規制を改革するということである。農協改革については、中央会制度の移行、全農の株式会社化、単協における信用・共済事業の分離、他企業とのイコールフッティングなどが掲げられている。

　率直に言って、現状分析を少しでもしたのかと問いただしたい。

　中央会のマネジメント機能は最も重要な機能である。福島県では原発事故後の13年6月に県内17JAの組合長、中央会、共済連、信連、厚生連、農林中金、全農の代表とともにチェルノブイリ事故後の農業対策についてウクライナ・ベラルーシ調査を行った（団長：庄條徳一前JA福島中央会々長）。ベラルーシでは農地全てに対して、セシウム以外の核種も含めて放射性物質の含有量を計っている。その上で汚染度に応じて農地を7段階に区分し食品の基準値を超えないよう農地ごとに栽培可能な品目を定めている。それを農地1枚ごとに国が認証するというシステムを構築していた。

　ところが日本の放射能汚染対策では体系的な現状分析がなされていない。復興計画を立てるにしても汚染状況を大まかにしか測っていない。特に震災

直後は現状分析無き国の放射能汚染対策により、現地は混乱を極めた。このような問題は今回の農業・農協改革にも共通している。全中の果たしてきた機能、現段階における地域農業と総合農協の役割、日本農業の現状と中長期的な視野に立った農業政策の作成など詳細な現状分析が全て政策の根本であることを改めて見つめ直す必要がある。

注
1）南相馬市で基準値超えの米が多数検出された問題に関しては2013年8月12日・19日の東京電力福島第一原子力発電所3号機の汚染ダストの飛散による影響も指摘されているが、原因は特定されていない。
2）消費者庁消費者安全課「食品と放射能に関する消費者理解増進チーム」による『風評被害に関する消費者意識の実態調査〜食品中の放射性物質等に関する意識調査（第3回）結果〜』2014年3月11日。
3）日本学術会議東日本大震災復興支援委員会福島復興支援分科会「原子力災害に伴う食と農の『風評』問題対策としての検査態勢の体系化に関する緊急提言」2013年9月6日。
4）2011年11月、2012年2月の福島大学による視察調査を受けて、2013年6月1日〜11日にかけて福島県内17JAの組合長、5連合会の代表とともにチェルノブイリ事故後の農業対策について調査を行った。
5）GAP制度は農業生産活動を行う上で必要な関係法令等の内容に則して定められる点検項目に沿って農業生産活動の各工程の正確な実施、記録、点検及び評価を行うことによる持続的な改善活動のことである（農林水産省）。HACCPは食品の原料の受け入れから製造・出荷までのすべての工程において、危害の発生を防止するための重要ポイントを継続的に監視・記録する衛生管理手法（厚生労働省食品安全部監視安全課）のことである。
6）福島県・農林水産省「放射性セシウム濃度の高い米が発生する要因とその対策について〜要因解析調査と試験栽培等の結果の取りまとめ（概要）〜」2013年1月23日。http://wwwcms.pref.fukushima.jp/download/1/youinkaiseki-kome130124.pdf
7）塚田祥文（環境科学技術研究所・福島大学）「土壌から農作物への放射性核種の移行」日本放射線安全管理学会、2012年6月28日、及び農林水産省『農地土壌中の放射性セシウムの野菜類及び果実類への移行の程度』2011年。
8）根本圭介「放射性セシウムのイネへの移行」『化学と生物』51(1)、pp.43-45、2013年。同「Radioactive Cesium in Rice Field」『学術の動向』17(10)、2012年、pp.22-26。同「放射能による作物被害と吸収抑制技術」『日本作物學會紀事』

81、2012年9月、pp.356-357に詳しい。
9）小松知未・小山良太「住民による放射性物質汚染の実態把握と組織活動の意義—特定避難勧奨地点・福島県伊達市霊山小国地区を事例として—」『2012年度日本農業経済学会論文集』、日本農業経済学会、2012年12月、pp.223-230。
10）小松知未「農産物直売所における放射性物質の自主検査の意義と支援体制の構築—福島県二本松市旧東和町を事例として—」『農業経営研究』日本農業経営学会、2013年12月25日、pp.37-42に詳しい。
11）小松知未「原子力災害後の消費者意識と果樹経営による情報発信—農家直送・福島県産果実を受け取った顧客アンケート調査から—」『2013年度日本農業経済学会論文集』日本農業経済学会、2013年12月15日、pp.242-249に詳しい。
12）文部科学省、原子力損害賠償紛争審査会「東京電力株式会社福島第一、第二原子力発電所事故による原子力損害の範囲の判定等に関する中間指針」、2011年8月5日の第7（pp.40-54）を参照。
13）日本学術会議東日本大震災復興支援委員会福島復興支援分科会『前掲書』。
14）2014年4月28日、5月12日発売の小学館「ビックコミックスピリッツ」に美味しんぼが掲載され、登場人物による「放射線によって鼻血がでる」「福島には住めない」等の発言がクローズアップされた。発売日当日に記者会見が行われ、その後、官邸、自治体、大学までもが遺憾のコメントを発表した。それにより、福島市内の温泉旅館のキャンセル等の実害が発生したという問題である。
15）濱田武士「第八章メディア災害の構造」『漁業と震災』みすず書房、2013年3月に詳しい。
16）全袋検査で基準値を超えた場合、当該米は事前出荷制限になるため流通することはない。

**参考文献**

［1］石井秀樹・小山良太「放射能汚染から食と農の再生を—放射性物質分布マップ・試験栽培・全袋検査から『営農指導データベース』の構築へ—」『共生社会システム研究』Vol.7 No.1、共生社会システム学会、2013年、pp.28-46。
［2］小山良太「原子力災害から4年目を迎える福島の現状と放射能汚染対策の新局面」『学術の動向』第19巻第6、2014年、pp.88-92。
［3］小山良太「福島からの報告—福島、農業の現状」『農家の友』第66巻第5号、2014年、pp.25-27。
［4］小山良太「現状分析無き農業・農協改革の虚妄」『規制改革会議の「農業改革」20氏の意見』農文協、2014年8月。
［5］小山良太・棚橋知春「原子力災害に立ち向かう協同組合」守友裕一・大谷尚之・神代英昭編著『福島　農からの日本再生—内発的地域づくりの展開』農文協、

2014年、pp.153-174。
［6］小山良太・小松知未『農の再生と食の安全—原発事故と福島の2年—』新日本出版社、2013年。
［7］山川充夫・小山良太・石井秀樹「唐木英明氏 "福島県産農産物の風評被害に関する日本学術会議『緊急提言』の疑問点」への回答"『ISOTOPE NEWS』NO.723、2014年、pp.38-43。

注記：本稿は、上記参考文献［2］［3］［4］を基に最新の調査・データを加え加筆修正を行ったものである。

## 5

# 試験操業に託した福島県の水産復興と社会災害
### —協同組合は汚染水漏洩問題にどう立ち向かうのか—

濱田　武士

## はじめに

　原発災害下の福島県の漁業と漁協の状況については本誌2013年秋号（拙稿『震災復興に取り組む福島県の漁業と漁協』）に記した。本稿で取り扱う汚染水漏洩事故問題は、その報告をまとめている時に発生した。汚染水漏洩事故の波紋はみるみるうちに広がり、国際政治問題にまで発展した。

　本稿では、もう一度原発事故からの状況を振り返って、13年から始まった汚染水漏洩事故の経緯と実態を追いつつ、社会災害の因果関係を分析して漁業者や漁協が引き裂かれる構造を述べ、最後に協同組合の課題について論じることにする。

## 1．原発事故からの漁業の再開

　悲劇は11年3月11日の東日本大震災発生後から始まった。当時、真相は明かされなかったが、その直後から東京電力福島第一原発においてメルトダウンだけでなくメルトスルーも発生していたのである。しかも、震災から3週間後の4月4日に、低濃度汚染水が1万トンも海に放出された。これは、低濃度の放射性廃液が集中廃棄物処理施設に津波によって流入した海水であり、それを抜いて貯留施設を確保しなければ、3月末頃から海洋に漏れ出していた原発2号機の建屋に溜まった高濃度汚染水が海に大量漏洩する可能性があ

ったためとされている。低濃度汚染水は微量の放射性セシウムや放射性ヨウ素が含まれているが、その汚染程度は高くなく、放流しても環境や魚介藻類への安全性の影響は小さい（摂取しても内部被曝は年間0.04mSv：外部被曝の基準は年間1mSv）とされていた。

　東京電力は原子力安全・保安院の許可を得て、その日のうちに放流したのだが、原子炉等規制法第64条（危険時の措置）として行った。同64条の適用下での緊急措置は特に民間機関への連絡や合意の必要は無く、法的には国も責任を負わなくてよい。だが、事前に福島県内の漁協にすら連絡をしなかったことから、東京電力への不信感が異常なまでに強まった。福島周辺県も含めた全国の漁業者にとっても許しがたい行為であるがゆえに全国漁業協同組合連合会を含めた関連漁業者団体が4月5日以後、東京電力へ何度も抗議活動を行った。

　マスコミの対応も早かった。海洋汚染の報道は大々的であった。国民の多くは魚食を諦めなければならないと思ったであろう。東北太平洋側の海辺で暮らす漁民の多くは、津波により家を失い途方に暮れていたが、福島県の漁民はさらに放射能汚染の問題も被せられたため漁を絶望視する漁民も多かった。そのようななか、11年5月には漁業者団体から東電に対する損害賠償請求がなされ、政府も後押しして、福島県の漁業に対しては賠償金の仮払いが実現することになった。

　その後、損害賠償金が毎月支払われているのだが、これをめぐっては漁業者のなかでも様々な意見がある。賠償金で生活していると漁業者は働かなくなるというものである。また雇われ漁業従事者の漁業離れが進むという危機感もあった。損害賠償には、事業を再開できない休業賠償と事業を再開している事業者に対する営業賠償がある。どちらも売上の損害に対する賠償であるものの、営業賠償では、売上が発生すると同時にコストも発生する。流出した漁船、漁具などを調達して燃料を使う。そのため、コストが発生しない休業賠償だけに依存している方が漁の準備をして営業賠償を受け取るよりも手元に残る金額は大きい。

しかし、東京電力にとっては漁業が再開できる状態において、意欲のある漁業者だけに営業賠償をすれば良いのであって、再開できるのに再開しない漁業者に賠償する必要はない。それゆえ東京電力は早期に再開したい漁業者と利害は一致する。そのため、そのような漁業者と再開に悩む漁業者との間で「溝」が深まりやすく、後者が前者の足を引っ張る、前者が後者を批難するという「同業者の分断」が発生しかねないのである。実際に福島の現場ではそのような心理的な対立がある。それゆえ、福島県の漁業者は、対東京電力との関係でまとまる必要があり、県下の漁業者が一丸となって復興するという意識づくりと、他方で漁業再開に向けた具体的なアクションが必要だった。

それは、津波で海に流された瓦礫を撤去する作業（海底にたまった瓦礫を、漁船を使って回収する作業）である。水産庁において震災復興関連の予算として準備され、漁協が雇用するという事業形式である。この予算は、14年度まで継続した。二つ目は、放射能汚染のモニタリング検査のためのサンプリング漁獲である。これは福島県行政が行っているモニタリング検査のサンプリングを傭船形式で実施するというものである。

実際に、漁獲行為を行うのでより漁業者らしい仕事ではあるが、漁獲物を売ってはならずあくまで調査漁獲である。しかし傭船による調査漁獲は行われないより行われた方が良いのだが、獲った魚に値段がつかない漁獲行為は漁業ではない。

## 2．試験操業の経過

現在、食品衛生法では、放射能汚染に関わる食品（肉、魚など）の基準値は放射性セシウム100Bq/kg以下となっている。この根拠は、流通している食品の半分が放射能汚染されているという前提のもとで、内部被曝を年間1mSv（ミリ・シーベルト）以下に抑えるための基準であり、もっぱら食べ盛りの10代の食性を踏まえて計算された値である。

震災後の福島における魚への汚染のモニタリング調査の結果を時系列上に並べると、基準値を超える放射性物質が検出される検体数の割合が月ごとに

減じていた。サンプリング漁獲をしていた漁業者らはその状況を間近で見ていた。そのことから、震災発生年の秋期には漁業の再開を待望する漁業者が出てきたのだ。

　震災後すぐに操業再開の準備を始めてきた相馬原釜地区の底曳網漁業者らである。彼らは、魚種を限定すれば漁を行って販売できると確信していたことから、流通も含めた「試験操業」を行いたいという要望を福島県漁連や行政機関へ伝えていた。また相馬原釜の卸売市場で買い付けていた仲買人も市場の再開を待ち望んでいた。しかしながら、11年の10月頃に福島県内の組合長会議において試験操業の構想が議論の俎上に載せられたものの時期尚早という判断となった。試験操業とはいえ、汚染した魚を流通させたとなると、国民から非難される恐れがある。震災後、環境NGOがスーパーなどに流通している魚の放射能検査を行っており、監視の目が厳しかったということもある。1匹でも見つかればパニックになりかねない。

　試験操業とはいえ、基準値を超える放射能物質が検出されるような水産物が流通してはならない。そのことから、魚種選定、漁場選定、出荷体制、検査体制など多項目にわたり慎重に構成されていなければならない。もちろん、漁業者グループが統制されていること、出荷物を買い取る仲買人との協力体制が大前提である。実際、最初に取り組んだ相馬原釜地区の底曳網漁業の操業計画案は、漁協のコーディネートの下、参画漁業者、仲買人、行政関係者、水産試験場職員などが一堂に集まって協議して作成された。魚種選定や漁場選定においては水産試験場のモニタリング調査の結果に基づいて、何度も検討を重ねたのであった。

　相馬双葉漁協（以下「相双漁協」）の相馬原釜支所では、12年4月に卸売市場の近場に魚介類の放射能汚染度合を図るスクリーニング検査のためのプレハブ検査室（ヨウ化ナトリウムシンチレーションスペクトルメータ2台配備）を整備、漁協職員5名の研修も終え、試験操業体制を整えた。試験操業は12年6月から始まった。対象魚種は、初回3魚種（ミズダコ、ヤナギダコ、シライトマキバイ）のみであり、操業海域は東京電力福島第一原発から

## 図1 試験操業の対象海域

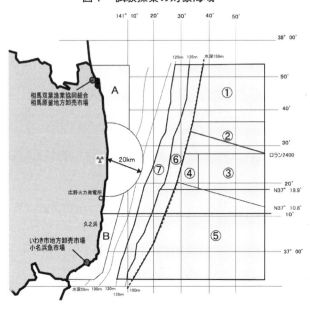

50km離れた沖合の海域（図1の①）であった。翌月の7月からは相双漁協の沖合タコ篭漁業も試験操業を始めた。その後基準値を超える検体が減少し続けたことから、試験対象魚種が徐々に増やされた。また13年からはコウナゴを漁獲対象とした相双漁協の船曳網漁業が試験操業（海域は同A）を始め、沖合底曳網漁業の操業海域は同①〜④までに拡大した。

13年10月からは、いわき地区の沖合底曳網漁業や船曳網も試験操業を始めた。海域は同⑥やBが加わった。その後、固定式刺し網、アワビ漁、ホッキ漁なども試験操業が行われるようになり、対象魚種は14年10月時点では52魚種となった。沖合底曳網漁業においては操業海域（同⑥、⑦）も拡大した。国の出荷制限等指示されている魚種（福島県沖）は最大40魚種だったのが、徐々に規制解除され現在35魚種になっている。解除された魚種の中にはすでに試験操業対象魚種になっているものもある。

試験操業の漁獲量は12年が108トン、13年が373トン、14年前期（6月まで）

が396トンであった。震災前までは100魚種以上の魚介類が漁獲され、3万トン以上の漁獲量があったことから漁獲量は震災前の10％にも満たない。それでも、試験操業参加は当初は県北部の相馬原釜地区の沖底の23隻のみであったが、現在は県内全域に及んでおり、参加漁業種は9漁業種と、参加隻数は200隻を超えている。相馬双葉地区における14年9月の漁獲量は30.5トンと前年の3.5倍になった。試験操業の拡大は着実に進んでいる。

## 3．組織・業界内に突きつけられたもの

 とはいえ、試験操業がすべて円滑に行われたわけではない。試験操業をめぐっては震災前の漁場利用の棲み分けが崩れる可能性があり、先に取り組む漁業（または地区）と、取組みが遅れる漁業（または地区）との間で、複雑な感情が生じるからである。

 こうした漁場利用をめぐる漁法と地域間の対立への対応としては、複数の地域の入会漁場であっても、漁場を使う時間や、使う漁場を棲み分けするなどの操業ルールが話し合いで決められてきた。福島県内においても同様である。しかし、そうした漁場利用の漁業者関係は準備が整った漁業者集団から始める試験操業によって崩れる可能性がある。先陣を切って試験操業に取り組んだ相馬原釜地区の沖合底曳網漁船の操業海域が拡大するにつれ、まだ試験操業に取り組んでいないその他の地区の漁業者が試験操業の拡大に不安を抱えたのである。実際に同⑥や⑦への拡大においてはまだ始めていない漁業者との了解が必要だったようである。

 他方、試験操業は消費者への信頼を獲得するための苦労がつきまとった。その一つに、検査体制がある。原子力災害対策本部長によって出荷制限指示されている魚種は、「出荷制限食品安全委員会における放射能物質の食品健康影響評価を受け、厚生労働省薬事・食品衛生審議会の答申を受け、食品衛生法の規格基準」に基づき、検体から検出された放射性セシウムが100Bq/kgを超えたものである。試験操業で対象となる魚種においては、出荷制限指示の基準値より厳しい50Bq/kgを自主基準として、モニタリング検査にお

いて一定期間それを下回る魚種とした。もちろん、スクリーニング検査でこの数値を上回れば出荷停止にするだけでなく、試験操業対象魚種から外すことになる。

試験操業の最大の懸案事項は、スクリーニング検査において基準値あるいは自主基準値超えが発生したとき、どう対処するかであった。とくに自主基準値超えの検出があった場合、それを隠さず、即座に報道機関にその情報を開示することや、報道後のさまざまな問い合わせ（消費者からの抗議も含む）に丁寧に対応するかどうか、である。実際に漁協・漁連が疑われるような対応をしなかったことから、この件に関しては大きな問題にはならなかった。しかし、13年の6月頃から取りざたされるようになった東京電力福島第一原発の汚染水問題が「風化」しつつあった「風評」を呼び起こすことになった。

## 4．難航する汚染水対策

図2を見よう。

東京電力福島第一原発では、発電所構内を流れる地下水が原子炉建屋に毎日400トン流入している。一方でメルトダウンした1号機、2号機、3号機の原子炉圧力容器に毎日320トンの淡水を注水している。核燃料を冷却するためである。だが、それが汚染水となって原子炉建屋、タービン建屋に溜まっている。それゆえ、毎日720トンの汚染水が建屋に溜まることから、汚染水720トンをセシウム除去装置（11年8月18日から運転開始）で浄化し、淡水化して、その処理水のうち400トンを貯蔵タンクに貯めて、残りの320トンを原子炉に注水するという作業が行われているのである。つまり、セシウムは除去されているものの、毎日400トン分、汚染水が増え続けていることになる。

そして13年3月からは多核種除去装置（ALPS）が設置され、トリチウム以外の核種を取り除き、貯蔵タンクにその処理水を貯めている。セシウム除去装置はセシウムのみ、ALPSは62種類の核種を取り除くことができるが、トリチウムのみは取り除くことができないのである。トリチウムは水に近い物質だからである。

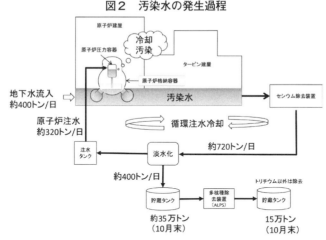

図2 汚染水の発生過程

　東京電力は、地下水バイパス、建屋接続部の止水、サブドレンによる水位管理、凍土方式による遮水壁、海側の遮水壁などの計画を11年12月末には立てていた。しかし、汚染水対策については国の強い関与が必要であるということから、13年9月3日に原子力災害対策本部が「東京電力福島第一原発における汚染水問題の基本方針」を公表、『汚染源を「取り除く」、汚染源に水を「近づけない」、汚染水を「漏らさない」』を原則として複合的に汚染水を減らすことに取り組むことになった。政府は廃炉対策推進協議会の下に汚染水処理対策委員会を設置し、汚染水対策の管理体制をより強化したのである。

## 5．被災地に突き刺さる「汚染水問題」

　東京電力は11年6月以後大規模な汚染水の海洋放出はないとしてきたのである。しかし、13年6月に入ってから状況が一変する。13年6月26日、原子力規制委員会の委員による「構内の汚染された地下水が港湾内の海水に影響している可能性について強く疑われる」という指摘に対して「判断できない」と返答し、汚染水の海洋流出を認めなかった。だが、自民党が圧勝した衆議院選挙の次の日（7月22日）に「港湾内の海水と地下汚染水は水面下で行き来している」ことを認めたのである。政局とタイミングが絡んでいたことか

ら、汚染水問題はよりクローズアップされることになった。その後、「海洋汚染」が再びメディアに大々的に取り上げられるようになり、しかもその後も汚染水漏洩事故が多発し、そのたびに汚染水に関わる断片的な情報が報道されるようになった。

　13年8月7日には、原子力災害対策本部が「試算では汚染水の海への流出量は1日300トン」と公表し、「東電に任せず、国として対策を講じる」と安倍晋三首相が表明するに至った。にもかかわらず、8月に入ってからは地下水の汚染状況の公表だけでなく、漏水問題の公表が急増したのである。汚染水対策を講ずる現場の状況が安定していなかったことが伝わる。このことで試験操業は暗礁に乗り上げたのである。漁協や漁連にかかってくる試験操業に対する抗議の連絡が増えたという。モニタリング検査の結果、魚への影響はなかった。しかし、「風評」や国民からのバッシングを恐れて、試験操業は中断された。

　9月19日には安倍首相が福島第一原発に現地視察して、その場で「0.3km²内で放射能の影響は完全にブロックされている」と報道機関に向かって発言した。

　そのようななか、9月1日開始を見送っていた試験操業は、9月25日に再開した。相馬原釜地区の沖合底曳網漁業である。モニタリング調査の結果、海水や魚には、汚染水漏洩が影響していなかった。ならば、「風評」に負けてはならないという意識で始めた試験操業をためらう必要はない、という考えが改めて確認されたのである。しかし、試験操業を再開し、10月に入ってからも汚染水の漏洩事故が多発した。

## 6．汚染水漏洩事故をめぐる社会災害の構図

　ところが、13年6月以後、汚染水の海洋流出をめぐる政府関連組織と東京電力のやりとりや汚染水漏洩事故がメディアを通して一気に広がったことから、福島県において原発災害が終息しているどころか、汚染水問題が全く解決されていないことがあからさまになったのである。

「コントロールされている」という安倍首相の発言は、韓国の日本の水産物輸入禁止宣言、オリンピック誘致、原発政策の今後や再稼働を考慮した政治的な発言であり、向かい風の状況下の対抗措置であったことは言うまでもない。東京電力福島第一原発の状況を正確に言うならば、「汚染水は漏れているが、海や魚に対する影響は出ていない」であった。

さらに8月以後の度重なる汚染水漏洩事故がメディアを騒がせつづけたことから「風評」問題が再び炎上したのである。このとき、タコ篭漁業の試験操業が行われていたが取引停止になった。汚染水が海洋に流出していることが明らかになり、汚染水漏洩事故が多発しているなかで試験操業を行い、魚を流通させるということに対する批難も強まった。試験操業に取り組む漁業者の操業意欲はそがれてしまい、なかには「風評」や「批判」を恐れて試験操業への参加を見送った漁業者も多かった。福島県下の漁業者が一体になって復興しようということになっていたが、足並みが乱れてしまったのである。被災地が引き裂かれる状態が形成されたのだ。

また東京電力や国は地下水バイパス計画や、サブドレンから汲み上げた汚染水を浄化して放流するという計画は福島の漁業者の同意なしでは行わないとして、漁業者団体への説明会を行ってきた。すでに触れたとおり、漁業者は13年3月25日に地下水バイパス計画を受け入れた。原発建屋に入る前の地下水なので、原子炉に触れない水であることが説得の材料だった。しかし、それでも観測井戸の水から放流の自主基準値（この基準値は法定の排水規制の基準値を遙かに下回る厳しい数値である）を上回るトリチウムがときどき検出される。さらにすでに33回、1,500トンの放流（14年10月末まで）を行ったが、地下水の建屋流入に対する効果については、降雨による建屋流入量の増加があるため、わかりにくい。

他方、サブドレンから汲み取った汚染水を浄化して海に放流するという計画については現時点（11月14日）では漁業者は受け入れていない。サブドレンで汲み上げられる地下水は一定程度汚染されているがセシウム除去装置やALPSによって浄化すればトリチウム以外は除去できる。しかも、サブドレ

ンで汲み上げる地下水は建屋に入る前で核燃料に触れる前なのでトリチウムの濃度は1リットル当たり600Bq程度であり、トリチウムの排水規制（法定告示濃度）の6万Bqを遙かに下回る。ちなみに建屋に入った汚染水のトリチウムは36万Bqである。そのことからサブドレンで建屋への地下水の流入を防ぐ方が、汚染水の発生を効果的に防ぐことができる。

だが、納得いくような浄化が行われたとしても、汚染水対策を受け入れること自体が「風評」に繋がる可能性を孕んでいるため、漁業者内でも意見が分かれ、拙速な決断は諍いの原因になる。それゆえ、東京電力の誠意のある説明と、漁協主導によるしっかりとした合意形成の手立てが求められる。

ただ、冷静に考えると、汚染水が増える一方なので、浄化処理後の水が排水規制値以下なら放流して汚染水を減らさざるをえず、「風評」を恐れても根本的な問題解決のためには、どこかの段階で漁業者はその計画を受け入れざるをえなくなる。つまり、放流の最終判断を「漁業者にさせる」ということにしかならない。もし、報道などで、サブドレンの汲み上げ水のトリチウムが除去できないことだけが取り上げられ、排水規制値を大きく下回っていることが伝わらなければ、さらにトリチウムの値を疑う話が広がれば、そのことで漁業者や漁協は脱原発運動や環境運動家から公害に対抗しない加害者といわれることになる。「風評」以上に、このことが漁業者を苦しめることになる。漁業者、漁協がスケープゴートに落とし込まれる構造がここにある。

## おわりに

汚染水に関連する事態の真相は最近になって明らかになってきた。意図的かどうかは分からないが、これまで表に出てこなかった事実もある。東京電力福島第一原子力発電所事故「官邸助言チーム」という陰の提言機関の事務局長だった空本誠喜の著作『汚染水との闘い―福島第一原発・危機の深相（ちくま新書）』（筑摩書房、2014年8月）に詳細が記されている。これによるとメディアの報道は的確でないことが分かる。国も、東京電力も的確に情報を管理し、発信していなかったことも分かる。これでは漁業者が「風評」を被

るのも無理もない。

　だが、この原発災害は「風評」だけに終わらない。本稿で記したように、浄化するとはいえ一度汚染水となった処理水が漁業者や漁協の決断によって海洋に放流されるし、放射能の状況について的確に情報が伝わらなければ、放流が生産者と消費者、生産者と生産者との関係に亀裂をもたらすという「構造」が形成されてしまうのだ。このことに皆が気づかない限り、悲劇は続くと思われる。

　さて、この社会災害の渦中にいる漁協・漁連の役員・職員は、試験操業や損害賠償をめぐる同業者の分断を防ぐために多大な時間と労力を要した。汚染水漏洩事故では抗議の対応を行い、汚染水対策に対しては住まいが散っている漁業者にも説明・説得するなどの労力を払っている。しかし、「風評」問題への対応には限界がある。国や東京電力にその対策を求めるものの、国民からの信用を失っているだけに「風評」問題に対する抜本策はない。漁協、漁業者はもっとも弱い立場であり続ける。

　長引く「風評」問題に対抗し、この復興を進めるには的確な情報を発信する協同組合の力が必要である。とくに協同組合間協同である。福島県内では、震災前から「大豆の会」という協同組合間ネットワークが存在していた。震災後も、福島県内の協同組合による「地産地消ふくしまネットワーク」を組織化しており、震災復興への重い課題に取り組んでいる。さらには首都圏など都市部の生協との間で消費者交流会事業を展開しており、福島の現状、試験操業の状況、放射能の基礎知識について話題を提供している。

　汚染水漏洩事故以後の状況は複雑化している。そのため、報道機関から発信されている断片的な情報により「風評」が助長されてきた。メディアの圧倒的な力の前では漁協は何もできない。しかし、地産地消ふくしまネットワークの消費者交流事業に参加した各生協の担当者が所属生協に持ち帰って的確な情報が伝えられる可能性がある。

　協同組合が核となった人間のネットワーク化が「風評」に対抗しうる協同組合の対策であろう。

## 6

# 3.11を生きる二本松市東和地区に学ぶ
― 自給と暮らしの取戻しに向けて ―

飯塚　里恵子

## 1. 3.11　社会的変革点としての再認識

　2011年3月11日の東日本大震災とそれに伴う福島第一原発事故は、まもなく丸4年が経とうとしているが、いま危惧するのは、3.11の教訓が十分に語られなくなってしまう恐れである。3.11直後の大混乱を経て、ようやく経済や暮らしの復興を進めようとしている現在の福島ではあるが、原発事故の深刻な被害が続くなかで将来への展望も見通せずにいる状況がある。先の福島県知事選挙（14年）では原発の是非は正面からの争点にすらならず、被災の現実を厳しく見つめ事故を根本からも批判し続けていこうとする姿勢もともすると揺らぎがちになってしまっている。

　代わって声高に叫ばれたのは、住民の3.11以前の水準の経済と暮らしの取戻しへの施策だった。その願いは住民主体にとってはたしかに切実な問題であることには違いない。ただ、その取り戻すべき経済や暮らしのあり方は、以前と同じようにあふれる物とお金の力でどうにかなるというものでは決してないということは、3.11直後に私たちが学んだ大事な教訓だった。私たちは原発に象徴される近代技術と巨額の資金に規定されてきたこれまでの社会の枠組みを抜け出ることなしに、「3.11」を本当には乗り越えていくことはできない。

　以下ではそのような3.11以降の社会を生きるためのあり方を意識しながら、

もう一度3.11当時を振り返って、筆者が断続的に通ってきた福島県二本松市東和地区で見聞きしたことを紹介しつつ、本稿で与えられた「原発被災農村における生業（なりわい）の取戻し」というテーマを考えたい。

## 2．東和地区の3.11を支えた主体形成史
　　―地域農業と暮らしを守る自治組織の取組み―

　本稿で紹介する東和地区は、福島の中通り北部に位置する二本松市内にあり、市のさらに北東部、阿武隈山地上に位置する。丘陵上の起伏の多い地形で平坦地は少なく、傾斜面を畑に、谷間のごくわずかな平坦地を田に利用している農山村地帯である。東和地区を含む阿武隈地域はかつて県内でも有数の養蚕地帯だったが、東和地区は80年代後半頃まで農業経営の柱として養蚕を続けてきた地域だった。山間の東和地区では稲作が限られるため、農家は養蚕に期待をかけ懸命に営んできた。

　その養蚕も高度経済成長期には国内製糸業の衰退に伴って次第に続けることが困難となり、東和地区では次の世代（それから20年余が経過しているわけだから、つまり現在のリーダーたち）が地域農業の大危機としてこの問題に向き合った。この次世代による地域農業の模索は、若者たちが男女ともに地域農業の問題と展望を語り合った70年代の青年団活動のなかから生まれたものである。その頃、若者たちは懸命な議論を繰り返し、そのなかから新たな農業経営のあり方として有機農業による多品目の野菜づくりを模索し、そこに向けての取組みを開始した。また、若者たちにはこれまでの農業を支えた桑園を荒らしたくはないという思いが強く、桑の葉の再活用事業に取り組む活動も生まれた。

　この次世代の新しい農業への取組みの特質は、有機農業の模索を地域農業として位置付け、あるいは桑園を親の世代の農業として切り捨てるのではなく地域で継続させるものとして位置付けて、農業を個別経営の生き残りとしてではなく地域みんなで生きていくための生業として展望したところにある。

　その後、東和地区は「平成の大合併」によって05年に二本松市と合併した。

このとき地域は自治体の合併という事態を危機として捉えた。東和という自治がなくなること、東和に暮らす誇りと連帯性が失われることを危惧したのである。そして、合併の年に地域の様々な自治組織が集まって地域づくりの自治集団「NPO法人ゆうきの里東和ふるさとづくり協議会」（以下、協議会とする）を設立した。この時の組織の事業形成には、かつて青年団運動から発展的につくられた有機農業者グループや桑の再活用に取り組む農業者グループなどが大きな力を果たしている。この協議会が3.11直後の復興組織主体となった。復興の取組みについては次で紹介するが、その前に少し協議会について紹介しておきたい。

協議会は、市から「道の駅ふくしま東和」の指定管理者を受けて運営しており、そこが主な活動の拠点となってきた。道の駅の運営を含めて協議会の取り組んできた事業は以下のとおりである。

①特産品加工推進事業（桑、いちじく、りんご、など加工品）
②展示販売事業（道の駅ふくしま東和）
③店舗出店事業（市街地大型店、東京各区民祭りなど）
④食材産直事業（学校給食、宿泊施設）
⑤堆肥センター・営農支援事業（ゆうき産直、東和げんき野菜）
⑥交流定住促進事業（福島県ふるさと暮らし案内人ほか）
⑦生きがい文化事業（民話茶屋、しめ飾り、竹細工、陶芸など）
⑧健康づくり事業（健康講演会、健康相談会ほか）

これらの事業を支えるのは協議会を構成する以下の6つの委員会である。

　・特産加工推進委員会
　・商品政策（戦略）委員会
　・あぶくま館店舗委員会
　・ゆうき産直支援委員会
　・交流定住推進委員会
　・ひと・まち・環境づくり委員会

現在の協議会会員数は約260名、直売所に農産物を出荷している生産者会

員は約160名である。直売所は震災後も一度も休業することなく野菜を置き続け、協議会の売上は11年度に前年より少し落ち込んだものの、生産と販売促進の懸命な努力のなかで、12年度からは回復し、14年度には震災前の110％にまで発展させている。

協議会作成による地域の空間線量マップ

　70年代に取り組まれた青年団活動や00年代の地域づくり自治集団の活動を経て、東和地区では地域の積極的な主体者の層が形成された。これから見るように、3.11は放射能汚染という大混乱を地域に巻き起こしたが、そのなかでも協議会が分解せずに結束を守り続けたひとつの要因として、以上のような次世代による地域主体者層の形成過程があった。

## 3．東和地区の復興への歩み
　　―地域自治組織による先駆的放射能測定運動―

　東和地区でいち早く3.11の事態に組織的に対応したのは、地域自治組織として活動していた協議会だった（当時の理事長：大野達弘氏）。3.11直後、協議会が中心となって、地域への放射能の影響を具体的に自分達で確かめるために、生活空間や農地の空間線量測定に組織的に取り組み、11年6月には測定マップを作成した。このマップが基盤となり、協議会が「里山再生・災害復興プログラム」（以下、復興プログラムとする）を6月に策定（図1）して地域復興の展望を打ち出し、それとほぼ同時期の7月頃から直売所の野菜の放射能測定運動が県内でも先駆的に組織展開されていった。野菜の測定では、早くも11年末の段階で多くの生鮮野菜が100Bq以下（当時の暫定規制値は500Bq）である傾向を突き止めた。

　11月からは復興プログラムの協力大学が主体となる水源地や里山の放射能測定がはじまり、12月からは協議会が福島大学と協力して農業者のホールボディーカウンター検査もはじめた。復興プログラムの構想を具体的に支えた

図1　ゆうきの里東和　里山再生計画・災害復興プログラム一覧表

| ①会員の損害賠償申請の支援活動 | ②会員の農産物の安全確認活動 | ③会員の生産圃場調査再生活動 | ④会員の農産物の販売拡大活動 | ⑤会員と家族の健康を放射線から守る活動 |
|---|---|---|---|---|

| 段階 | 経営向上策 | ひとの健康 | 土(水・空気)の健康 | 農産物の健康 |
|---|---|---|---|---|
| 第一段階<br>スピード<br>(即時活動)<br>3ヶ月間(6-8月) | | ひと・土・水・食べ物の測定・把握<br>農地線量測定マップ作成<br>放射線測定器借用 | | 農産物の放射線測定<br>ベクレルモニター借用<br>プレマ基金 |
| 第二段階<br>ベースメイク<br>(基礎活動)<br>1年間(6-5月) | | 放射線と人の影響対応<br>・講演会<br>・ワークショップ | SVO(除染植物油燃料化)<br>JKA基金<br>全国有機農業推進協議会 | |
| 第三段階<br>グランドデザイン<br>(全体活動)<br>3年間(-H25年) | | | 里山系列土壌調査・改良<br>+地域・人への対策<br>三井物産環境基金<br>協力：新潟大学 茨城大学 福島大学 | |
| 第四段階<br>ロングラン<br>(継続活動)<br>第三段階以降30年以上 | | 予防の徹底<br>チェック後の対応<br>賠償へのガイド<br>里山の再生(子孫の代まで引き継げる再生活動) | 測定マップに基づく対応策と指導<br>モデル圃場の実現 | 改善指導と勉強会<br>目標レベルの引き上げ |

のは環境・農地・農産物・里山などの測定運動を軸とした「営農再建」と、人の体や心の健康維持、地域再建のための座談会や講演会、食事や人体の放射能測定などによる「生活再建」の、二本柱の取組み体制だった。

　復興プログラムは協議会だけではなく、日本有機農業学会や福島大学や各協力大学や研究者（新潟大学・茨城大学・横浜国立大学・東京農工大学等）、そして県内の市民団体（特にNPO法人福島県有機農業ネットワーク）との調査研究協力体制の下に、民間の基金団体の支援を得て進められてきた。

　こうした協力体制は、3.11直後の混乱期に放射能の危険を煽るのではなく、まずは現状を知って判断しようとする冷静な風潮をもたらすことができた。集まっていった空間線量の測定データからは、耕した農地ほど空間線量が低いこと、耕耘にセシウムの遮蔽効果があること、土がセシウムを吸着・固定することで農作物への移行があまりないという、当時としては最新の知見をもたらした。

　また、復興プログラムは客観的調査だけではなく、当時現地で膨れ上がっていた不安の声とどう向き合うのかという重要な論点とも向き合った。放射

能汚染という問題は単に「元気をだそう」と励ますだけでは済まされない、人々の認識に関わる深刻さがあったのである。そこで復興プログラムでは、この心の問題をゆっくりで良いから「行きつ戻りつ」の模索過程にしていく対応がとられていった。そのことによって多くの会員が東和地区で畑を耕し暮らし続ける心を確認することができた。住民の抱えた苦悩は大きかったが、地域農業の大切さ、地域の仲間の大切さが深く認識された。暮らしを取り戻すとは、生きる不安を共有し、共に心を耕やし、共に生きる喜びにかえていくことだった。

　以上に見てきたように、復興プログラムの展開において協議会の果たした役割はとても大きかった。特に3.11直後は、県政はもちろん市の農政課や農協などの農業組織がほとんど生産者に対応できなかったなかで、協議会はいち早く空間線量測定に取りかかり、直売所の生産者会員に対して４月の時点で会合を開いて農業継続を訴えている。

　また、その後の地域での活動の広まりは、協議会が住民の想いを丁寧に掘り起し結集させたことによって得られたものだった。迅速で丁寧な対応をした協議会は会員や直売所の生産者会員を支えただけでなく、東和地区の農業と暮らし全体を支える重要な住民拠点となった。

## ４．地域農業を守ったお年寄りの自給畑

　東和地区の住民が地域農業の大切さを深く認識していくうえで、最も励まされたのは、お年寄りの存在だった。3.11直後の春、東和地区でいつもどおり畑を耕し種を播いたのは若い世代の農業経営者ではなく、自給畑のお年寄りだったからである。3.11直後の原発事故に対する地域の対応は、主に世代によって傾向が大きく違っていた。若い世代は放射能汚染の影響を心配して避難していく人も多くいたのに対して、お年寄り世代は放射能に苦悩しつつも自給的農業を継続した人が多かった。

　協議会の取組みは、このお年寄りの自給的農業をまずは支えようとしたことに意義があった。協議会が開いた４月の直売所会合には、100名以上の生

産者会員が集い、協議会側が農業の継続を訴えたのに対して、多くの生産者がそれに賛同した。その賛同のほとんどは自給野菜を栽培していたお年寄りであり、お年寄りは東和で暮らす以上は農業の継続は当然のことと考えて自分や家族の食べる自給野菜を作り続けた。

協議会は、このお年寄りの自給野菜の安全性を確かめるために、事務所に測定機材と設備を入れて、野菜の放射能測定を独自体制で開始し、その結果、多くの農産物が食べても大丈夫であることを証明していったのである。お年寄りの自給畑の継続と協議会の測定活動は次世代の農家の経営を励まし、地域総括的な農業復興体制がつくられ、東和地区の農業は解体の危機を乗り越えて主体的に守られ、道が拓けた。

農業基本法が制定されて以来、農政は若い担い手による大規模経営を推進し、お年寄りや自給はいつも低く位置付けられてきた。しかし以上の東和地区の経験で明らかになったのは、3.11の混乱と苦悩に耐えて農業を続けたのがお年寄りの自給畑であり、農山村地域だったという事実である。

福島の平場農村で言えば、私は東和地区と併行して南相馬市にも通ってきた。南相馬市は3.11以前には大規模な基盤整備事業が入り、福島の平場農村をけん引してきた地域のひとつだったが、ここでは3.11以降の3年間、稲作自粛が選択されていた。また、南相馬市には3.11以降にゼネコン主導による除染・復興の経済事業がますます大規模に展開しており、地域の経済や暮らしの自治がかなり削がれてしまっているように見受けられる。3年間連続の稲作自粛やゼネコン主導の事業展開は、残念ながら農業経営者の営農意欲の低下につながってしまっている。

## 5．3.11後　再び自給畑へ向かったお年寄り
　　―自然の力、土の力を信頼して―

3.11の時、東和地区の自給的農業を営むお年寄りはどのような思いで苦悩し、農業を継続したのかをもっと具体的に知るために、ひとりの女性（以下、Aさんとする）を例として紹介したい。

## 6　3.11を生きる二本松市東和地区に学ぶ（飯塚　里恵子）

　Aさん（60歳代）は小さい頃から家の農業と家事全般を支えてきた。そんなAさんの現在の農業は自給用の田畑が中心である。今も2反の畑で自給用野菜をつくり、珍しい品種は種を自家採取して保存している。自宅には味噌や様々の漬物の入ったたくさんの樽があり、直売所では仲間とともに漬物加工もしてきた。できた野菜は近所のみんなにもあげて喜ばれるのが何よりも嬉しかった。

　しかし3.11直後、Aさんはまだ幼い孫を持つ息子夫婦に田んぼに出ようと言ったところ、「外にでてはいけない」「今年（11年）は米をつくるのをやめたほうがいい」と言われた。田畑に出るのが当たり前だと思っていたAさんは、このことがきっかけでしばらくはショックのために田畑に全く出られなくなってしまった。

　そんなAさんを支えたのは重い痴呆を患う80歳代のお母さんの存在だった。家のなかでは症状が重いお母さんを、畑の様子が気になるAさんが介護のつもりで一緒に連れていくと、「とらなくてもいい」と言っても野菜と雑草をちゃんと区別して草取りをした。お母さんは畑にいたほうが状態がよかった。そして、何より畑でもくもくと草取りをするお母さんの姿に驚かされた。そんなお母さんの姿を見て、Aさんは少しずつ元気になっていき、畑に出られるようになった。

　Aさんは3.11を経て、再び自給畑に種を播き始めた。息子には野菜を食べてもらえないとは思いつつも、お母さんの姿をみると、やはり自分たちは土に生かされているのだということを感じずにはいられない。Aさんが一度諦めかけながらも再び自給畑に向かったこのエピソードは、豊かな農産物を生み出す土・自然の力と、それに寄り添おうとする東和地区のお年寄りの土・自然への強い信頼を教えてくれる。このAさんのような自給の世界が、東和地区の地域農業の基礎に広く深く、しっかりと根付いて、農業的生業が営まれてきた。こうした自給的世界は阿武隈農山村では珍しくなく存在してきたものだった。

　けれども、特に3.11以降の極端な新自由主義的政策のなかで、これまでは

見捨てられていたようなローカルの価値さえもすべて商品化されてしまい、お金にならない自給の世界の存続はかなり厳しい局面を迎えている。これはお年寄りではなく若い世代の問題として立ちはだかっている。お年寄りはこの先も自給の世界を生き抜くだろうが、しかし私たち若い世代はお金ではない世界を生きる手段をあまりにも知らないと思う。

## 6．新たな世代が引き継ごうとしている東和の農業・暮らし

　東和地区では現在、若い農業者がお年寄りや地域の農業に学び、それを継承し、新たな農業を模索して3.11以降を動き出している。たとえば協議会（現理事長：武藤一夫氏、事務局長：武藤正敏氏）では現在、新たな復興テーマのひとつとして放射能に汚染された桑園の再生と桑の葉製品の販売再生事業が展開されている。ここにかつての養蚕産地だった東和地区の農家の想いが貫かれようとしている。

　さらに、3.11後には新たな自治組織も立ち上がっている。やはり耕作放棄されてしまった桑園をブドウ畑として再生し、かつての蚕の地域共同飼育所施設を改築してワイナリー工場を立ち上げた農家集団や、若い新規就農有機農業者やUターン就農者が中心となって開校した「あぶくま農と暮らし塾」（以下、あぶくま塾とする）という学習集団など、多くの自治集団が活動している。

　このあぶくま塾について少し紹介したい。13年3月に開校されたあぶくま塾は、最初の構想が12年の春に出された。約1年の準備期間を経て、農学コース、地域文化コース、コミュニケーションコースの3つのコースがつくられ、それぞれに地域での学習活動が取り組まれている。

　特に、農学コースは若い新規就農者やUターンの農業者が集まり、意欲的な農業学習が取り込まれている。東和地区には3.11直前までに新規就農した16組20名のほぼ全員が3.11を経ても定着しており、その後も新規就農希望者の波は途絶えることなく、14年時点では30名ほどの新規就農者が地域で暮らしている。意欲的な農業学習が取り組まれている。

塾のキーワードは「温故知新」で、若い新規就農者たちが学ぼうとするのは、最新の技術ではなく、東和の先人が築き上げてきた農業である。それは具体的には自給を基礎とする多品目栽培、地域資源循環型の有機農業である。

東和地区では3.11を経て、先人の道に学び、農業をして生き続けていくという道が若い世代にもしっかりと引き継がれ、さらに自治集団として次の世代の地域主体層を多層的に形成しようとしている。若い世代がお年寄りの自給の世界をしっかりと継承できるかどうか、大きな課題ではあるが、東和地区ではその萌芽が確かに育っている。

## 7．生業が向き合う課題
### ―お金の論理に対抗した自給と暮らしの論理に向けて―

最後に本稿のテーマである「原発被災地農村における生業（なりわい）の取戻し」について、東和地区の経験から考えてみたい。テーマに沿って福島全体を見れば、ゼネコン主導による住民を置き去りにしかねない復興事業の現実があり、そのなかで農業や林業、漁業の生業が危機に立たされているということをしっかりと見つめたい。

農業で言えば、福島では現在、除染事業とセットにした圃場の大規模区画整備事業や、農業復興の要として位置付けられてしまっている植物工場といった産業的農業の推進が引き続き声高に提唱されている。しかし、そうした産業化農業の推進が、福島の現実の中で農家の生業再建の取組みや風土を活かした地域振興を育てていないことは明らかである。東和地区に学んで私たちが取り戻したいのは、農家一人ひとりの取組みを踏まえた持続性のある地道な農業と地域再建である。

ただ、この産業的農業対生業的農業という対抗に加えて、現代社会を支配しているお金の論理に対する東和地区のお年寄りが守り抜いた自給の対抗とも私たちは向き合わなければならないだろう。お金の論理は産業的な大経営だけでなく、ひとつの小さな農家の経営と生活にも溶け込んで当たり前の存在になってしまっており、お金の力は時として生業をも産業的性格に引っ張

っていくこともある。

　そんななかで、東和地区の復興の取組みは、無償贈与の論理に基礎づけられたお年寄りの自給と、その自給を基礎とする家族や地域の暮らしこそが大事であると考えて展開された。自給的農業を続けるお年寄りは、地域の自然に支えられて田畑を耕し、風土的豊かさのある暮らしを引き継ぎつつ営んでいる。

　繰り返しにはなるが、私たちが取り戻したいのは、産業化に流されることなく地域の暮らしを支えるあり方としての生業である。そのためには、私たちが、自給が生業の基礎としてとても重要な営みであるということを認識しなければならないだろう。それは地域の自然を愛で、信頼して田畑を耕し、自分や家族や地域の人々とともに地域でお金に頼りすぎず自分たちで必要なものを作りあって生きていこうとする生き方としての生業である。その生き方のお手本は、これまでの日本農業をずっと支えてきた小農的生業ということになるだろう。私たちは、小農的生業というあり方こそが大切であるということをしっかりと認識していくことが必要なのではないだろうか。

**参考文献**

菅野正寿・長谷川浩編『放射能に克つ農の営み―ふくしまから希望の復興へ』コモンズ、2012年。

拙著「原発事故被災地に学ぶ『地域に広がる有機農業』のあり方」日本有機農業学会『有機農業研究』Vol.4 No.1/No.2、2012年10月、pp.39-52。

小出裕章・明峯哲夫・中島紀一・菅野正寿『原発事故と農の復興―避難すれば、それですむのか？！』コモンズ、2013年。

拙著「住民自治組織による里山再生・災害復興プログラム―二本松市東和地区」守友裕一・大谷尚之・神代英昭編『福島　農からの日本再生―内発的地域づくりの展開』農文協、2014年、pp.93-114。

野中昌法『農と言える日本人―福島発・農業の復興へ』コモンズ、2014年。

# 7

# 福島の子ども保養
―協同の力で被災した親子に笑顔を―

西村　一郎

## 1．避難した親子は今

　福島県生協連・日本ユニセフ協会・福島大学災害復興研究所の主催する「福島の子ども保養プロジェクト」（愛称コヨット）に参加した子どもたちが、楽しかった思い出の絵ををたくさん描いている。そこにはいくつかの特徴が見られる。

　第一に、目や口を描いて顔の表情がしっかりしている。両目をしっかり開けて微笑み、中には愛らしくウインクをしている顔もある。口は大きく開けて笑い、空のお日様も笑顔になっている。嬉しいと感じた子どもたちの、ウキウキした気持ちがそのまま伝わってくる。

　第二に、赤やピンクなどと暖色系の色彩で明るく描き、子どもたちの心の温かさを表現している。

　第三に、嬉しかったことを具体的に描いている。西瓜割り、温泉、さくらんぼ狩り、花火、花笠祭り、たこ焼き、パン食い競争など、どれもが楽しく思い出に残った一場面である。

　第四に、子どもたちの躍動感や感動が伝わってくる。両手や両足をしっかりと描いて皆で遊んでいたり、♪や♡のマークがいくつも添えてあるなど、リズムに乗せて「ありがとう」の言葉が聞こえてきそうなものもある。

　第五に、家族や友達だけでなく、トンボやチョウチョや花を描き、たくさ

んの仲間や自然と一緒に楽しい時間を過ごしている。

　こうした場面で喜ぶのは、子どもであれば当たり前のことだろう。団塊の世代である私が子どもの頃もそうだったし、今も同じで将来も変わることはないだろう。自然や友だちとの楽しい遊びを通して、子どもは健やかに成長していく。

　しかし、これらの絵を描いた福島で避難している子どもたちの日常は、残念ながらそうではない。静かに目を閉じて想像してほしい。近くに公園があっても、空間放射線量が高くて出かけることができない。外遊びがしたくても、大好きなママやパパに叱られてしまう。このため近所にいる友だちと、花や小石などに触って遊ぶこともできない。トンボやチョウチョを追いかけることもできない。コスモスや朝顔といった、ありふれた草花の名前を覚えることも難しい。

## 2．子どもとしての強い願望

　そうした日常の中で、これらの絵は子どもとして当然の強い願望を描いていると言ってもいいだろう。以前に私は子どもの食事調査をしたとき、子どもに食卓の風景を描いてもらった。その中にはいつも一人で食べている子どもが、家族と一緒に食べたいと願い、食卓に透明人間を破線で描いていたので驚いた。子どもの強い願いは、そうした絵になる。

　さらに親は、当面の見通しがなく不安な日々を過ごしている。震災前は浜通りにおいて三世代で暮らしていたが、子どもと母親は放射線の影響が少ない場所で学校に近い借り上げ住宅へ、祖父母は経費の少ない遠くの仮設住宅へ、父親は職場の近くへと離ればなれになっている人が多い。そうした家族を近くで見ている子どもは、親に配慮してまたストレスを溜めてしまう。

　日本国憲法で保障されている一人ひとりの幸福追及権は、当然のことながら福島の子どもたちも持っているが、原発事故により著しく壊されている。東日本大震災から4年がたった今も、そうした傾向は残念ながら続いているし長くかかることだろう。

「温泉」（右の絵）には、広い湯船で僕と女の子とお母さんが、それぞれ笑顔で描いてあり、それにお母さんから次のような添え書きがしてある。

「ありがとうございました。久しぶりに神経を使わず外であそびました。はだしになって水あそびもしま

絵「温泉」

した。そのあとは温泉に入り、今回のプランできていた女の子と、あっという間になかよくなりました。のびのび温泉ではしゃぎ楽しい旅になりました。ありがとうございます」。

　3人とも絵では笑っており、親子でたいへん喜んでいることがよく分かる。

## 3．コヨットとは

　コヨットとは、子ども保養プロジェクトの子どものコ、保養のヨ、プロジェクトのトをつないだ愛称で、保養に「来よう！」と誘う意味も含む。目的は、原発事故による被災地域の子どもおよび保護者を対象に、週末や長期の休み期間中に、放射線の低い地域で過ごし心身両面で保養してもらい、あわせて参加者間の交流や支援者との交流の場にもすることである。

　こうした資金は、全国の生協が取り組んでいる「つながろうCO・OPアクションくらし応援募金」や、協力団体などによる寄付金を当てている。具体的には子どもの年齢や目的に合わせ、以下の4コースがある。

ア．週末保養企画

　保護者と就学前の子どもを対象に、福島県や山形県の温泉宿に1泊2日で出かけ、子どもたちの外遊びと家族のリラックスタイムを支援する

イ．就学児週末保養企画

　就学児を対象に、東京ディズニーランドや体験施設などに出かけ、様々な体験を支援する

ウ．長期休暇保養企画

　就学児を対象に、長期の休暇中に全国の受け入れ団体が企画した保養で、13年からは体験型を重視している

エ．おもいっきり！そとあそびコース

　保育園などの外遊びを支援する

## 4．山農海で福島の親子のリフレッシュ

　次に、それぞれの現場を訪ねたので報告したい。

　コヨットの1つとして、福島からの保養目的で富山県の新潟に近い朝日町に広がるヒスイ海岸で「親子リフレッシュ交流企画 in TOYAMA」が開催され、福島の親子23人が参加した。ジャガイモ掘りの後に一行は、川に沿って山あいへ入り、人々が自然と共にあった自給自足の暮らしを体験できる夢創塾（むそうじゅく）を訪ねた。かつての棚田が、近くのダム工事の残土の捨て場となり、長く荒地として放置されていた。そこに小川の石を基礎とし、丸太小屋を建て里山の恵みを体験する場にしていた。1995年に始まって毎年手作りで追加し、間伐材を使った合掌づくりの小屋、炭焼き小屋、ツリーハウス、水車など15棟が約1haの平地に点在しているから壮観である。

　平地と山の境目あたりに、大木が何本もある。その1本には長さが10mほどもあるブランコがあり、「ハイジのブランコ」とも呼んでいた。金属のロープと滑車を使って谷川などで物を搬送させるジップラインは、80mと30mの2本が大木の間に張ってあり、子どもは谷川を越えて楽しんだ。

　そうしている間に大人の数人は、清水で洗ったトマトやピーマンなどを細かく切って昼飯の準備をしていた。「はーい、こっちへ来てごらん。ピザを作るよ」。中央にある窯の前で2枚のトタンの上に、直径50cmほどのピザの生地を5枚乗せ、塾長さんが大きな声をあげた。走って集まってきた子どもたちは、ザルに入った薄切りの野菜やチーズを生地の上に乗せ、トッピングが終わると、レンガで造り熱くした窯の中へトタンを入れてピザを焼いた。

　谷川近くの小屋のテーブルには直径20cmの石臼があり、塩のザラザラし

た結晶を入れて回すと、細かい粉末となった塩が出てきた。つまんでなめると、塩辛い中にも思いのほか甘さがあり驚いた。集まってきた子どもたちも塩作りに興味を示し、行列になって次々と石臼を1人が10回ずつ回し、できた塩はビニールの小袋に入れて土産となった。

　主催した富山県生協連合会には8生協が加盟し、地域生協から子育て経験のある女性が、大学生協からは子どもたちと一緒に遊ぶことのできる学生が企画に参加して支えていた。さらに富山県では、生協内の連携だけでなく行政や地元の市民団体とも協力していることが特徴で、イベントの「はじまりの式」では、朝日町の町長が歓迎のあいさつをしている。多くの協同で福島の避難している親子を支えている。

## 5．14年夏の取組み

　毎年各地で開催しているコヨットは、2014年の7月から8月にかけ、**表1**のように14カ所で実施となり、参加者は親94名と子ども278名の計372名が楽しんだ。なおコヨット以外にも同じ主旨での取組みは、いくつかの地域生協が独自に組んだり、もしくは医療福祉生協でも別に展開しているし、さらにはいくつもの宗教団体やNPOなどが、多様な協力をして積極的に支援している。

## 6．コヨットの課題

### （1）目的の普及

　震災から4年も過ぎたが、福島における子どもと保護者の心身両面における保養の必要性は、まだまだなくなるわけでなく、これからも長く継続することが求められている。復興庁の発表によれば福島県の避難者は、14年11月現在で県内に7.8万人と

夢想塾でのコヨット（2013年）

表1　14年夏のコヨット企画

| NO. | 実施期間 | 施設名 | 主催団体 | 参加者 親 | 参加者 子 |
|---|---|---|---|---|---|
| 1 | 7/12～13 | 子ども保養 in 茨城　第12弾 | いばらぎコープ | 16 | 18 |
| 2 | 7/19～21 | 子ども保養 in とやま2014夏 | 富山県生協連 | 14 | 11 |
| 3 | 7/26～29 | 子ども保養 in なら | ならコープ | 15 | 19 |
| 4 | 7/26～28 | 子ども保養 in ぐんま | コープぐんま | 15 | 18 |
| 5 | 7/27～31 | 子ども保養 in よしまキャンプ | コープこうべ／神戸YMCA／兵庫県ユニセフ協会 | | 30 |
| 6 | 7/29～31 | 子ども保養 in あきた | コープあきた | 12 | 17 |
| 7 | 7/31～8/7 | 子ども保養 in はこだて（ほんわか） | ほんわか | | 20 |
| 8 | 8/2～3 | 子ども保養 in あおもり（ねぶた） | コープあおもり | 16 | 16 |
| 9 | 8/5～7 | おいでよ！かながわパート3 | 東日本大震災避難者連帯事業神奈川実行委員会／連合福島 | | 39 |
| 10 | 8/6～9 | コヨット！おおさか | 大阪府生協連 | | 24 |
| 11 | 8/7～9 | 子ども保養 in みえ | コープみえ | 6 | 10 |
| 12 | 8/7～9 | コヨット！In 東京 | 東京都生協連 | | 20 |
| 13 | 8/18～20 | コヨット！In ながの | 長野県生協連 | | 12 |
| 14 | 8/7～10 | コヨット！In さいたま | 埼玉県生協連 | | 24 |

　県外4.6万人の計12.4万人もいて、その多くが放射線による健康被害を心配している。その中には、当然のことながらたくさんの子どもたちが含まれており、大好きな故郷を離れて暮らさざるをえなくなっているので、情緒不安になるなど問題を抱えているケースが少なくない。

　また通う保育園や学校を移れば友達もかわるし、もしくは空間放射線量に対する評価が分かれて、家族や友人もバラバラになっていることがある。目に見えない放射線による健康被害の不安や、経済的な負担もさらに続く。以前のように安心して家族そろって故郷で暮らす目途が、いつの日か立つのであればまだしも、それがまったく分からないままで過ごすことを強いられており、過剰なストレスがさらに蓄積しつつある。こうした中での親子の保養の必要性を、さらに全国各地へ普及することが重要である。

　ところで福島県内にいる避難者だけが、過剰なストレスを抱えているわけではない。形は異なっても、福島県外に出ざるを得なかった人たちも同じであり、この人たちにも保養は必要である。さらには福島県以外でも、ホットスポットと呼んでいる空間放射線量の高い地域が各地に点在し、そこにも多くの子どもたちが暮らしている。

行政は除染の基準として、毎時0.23μSv（マイクロシーベルト）を掲げているが、これは屋内にいるはずの16時間は、屋外にいる8時間に比べ一律に4割まで減少すると決めつけているが、開放的な木造の家屋などでは当てはまらず、汚染を過小評価するための非科学的な数値である。国際的な基準である年間1mSvを目安にし、さらには外部被曝だけでなく内部被曝も考慮すれば、チェルノブイリでしているように外部被曝の2/3を内部被曝として加えるべきである。

　具体的には、1mSv÷（1+2/3）＝0.6mSvを目指すべきで、1時間当たりにすれば0.6mSv÷365日÷24時間＝0.07μSvとなる。つまり福島県だけでなく、茨城県、千葉県、宮城県、栃木県など、空間放射線量が毎時0.07μSv以上の地域の子どもたちも、保養プロジェクトの対象にすべきだろう。

## （2）保養内容の多様化

　安全な福島県内だけでなく県外へも実施する場や回数を拡げると同時に、多様なコヨットという協同の質の拡大も重要である。パルシステム連合会の企画では、長年の産直でつながってきたJAささかみや、地元の自然環境を守る五頭自然学校などとも連携し、より充実して楽しい内容にしている。

　いばらきコープでは、国際協同組合年で作った県内の協同組合間のネットワークをバックに、多彩な市民団体や個人にも協力してもらい、実施回数を多くして季節や各地の特徴を活かし有意義な企画を展開している。こうした先進的な事例は、他の地域でも大いに参考となるし、さらにはこれ以外の多様な支援の方法があっても良いだろう。

## （3）協同の輪をより拡げること

　福島からの子どもたちを保養で受け入れるためには、生協の中で理事や職員だけでなく多様な協同を組み合わせるとより効果的である。組合員の中には、折り紙や手芸など多彩な特技を持った人は多い。そうした人たちに協力してもらえれば、福島から参加した人も喜ぶし、またボランティアをした人

は自己実現することで自信と喜びを感じる。

　またこだわりの異なった複数の地域生協もあれば、医療と福祉が専門の医療福祉生協や、大学生を組合員としている大学生協もある。こうした各生協の専門性を活かし、保養の質をより高めることができる。さらにはJA（農協）やJF（漁協）などと生協の協同組合間協同もあれば、困っている子どもを支援するユニセフやYMCAなどの市民グループや、行政などとの協力もより効果的である。また会社における社会貢献の意識が高まる中で、食品の提供などで支援する企業や商店なども増えている。

　福島の子どもたちと一緒に体を動かして遊ぶことのできる、少し大きなお兄さんやお姉さんである中・高・大学生の協力も、保養の場で大人にはない役割を発揮することができる。こうしてみると性別や世代だけでなく思想信条の違いも乗り越え、困っている福島の子どものためにという目的のために、地域の多くの心ある人たちとの協力関係を築くことができるだろう。

### （4）地域（コミュニティ）での子育ての強化

　放射線の空間線量が高い地に住む子どもたちにとって、これからも安全な場所での保養は極めて大切である。ところで被災地に限らず震災前から、我が国では子どもをめぐるいくつもの問題が指摘されてきた。その一例が、子どもの引きこもりや不登校やいじめなどの深刻化である。子どもの健やかな生育を阻んでいるのは、原発事故による放射線だけでなく、授業料を払うことのできない家族の増えている格差社会や、教育・遊び・文化にまで過剰な利益追求の資本の論理を持ち込む、行き過ぎた資本主義社会などもある。

　国連子どもの権利委員会が、98年、04年、10年に日本政府に対し、教育制度が高度に競争主義的であるとし、いじめ、精神的障害、不登校・登校拒否、中退および自殺につながることを懸念すると勧告した。しかし、政府は何らの対策もせず今日に至っていることは、より深刻化する子どものいじめや不登校や自殺が残念ながら物語っている。

　子育てを正常化するために、地域で可能な取組みがあり、分断されたコミ

ュニティを可能なところから再生し、地域で子育てをすることである。そこで福島での子ども保養プロジェクトをきっかけとし、支援者の各地元における子どもたちの心身の健全な発達に視線を当てて実践し少しでも貢献することである。これらに生協が取り組むことは、国民の生活の安定と生活文化の向上に寄与する生協法の理念にも沿い、さらなる社会的役割の発揮の場となる。

　ところで「一人は万人のために、万人は一人のために」というキャッチフレーズは、生協を含めて協同組合や損保会社などで、理念を表わすため必ずといってよいほど使っている。この語源は古代ゲルマン民族の諺(ことわざ)で、世の為他人の為に見ず知らずの人に向かって努力することよりも、顔の分かる友人と私との間での小さな互助を呼びかけていると解釈した方が本質に近い。そこで私は主語を明確にし、「私は仲間のために、仲間は私のために」と訳している。福島の子どもだけでなく地元の子どもの健やかな成長のためにも、気付いた各自が仲間と協同し、生協や他の協同組合が受け皿になって、無数の実践を全国各地で展開することが求められている。

# 8

# 原発災害による避難農家の再起と協同組合の役割
―離農の悔しさをバネに「福島復興牧場」を建設へ―

### 河原林　孝由基

## はじめに

2014年7月、原発災害により避難を余儀なくされた酪農家と福島県酪農業協同組合（以下、県酪農協という）・農林中央金庫の三者で「福島復興牧場」構想の共同記者会見が行われ、続いて牧場建設工事の安全を祈る鍬入れ式が執り行われた。

復興牧場構想は飼養頭数580頭、生乳生産量年間5,000トンを計画する県内最大規模の大規模・共同経営方式の事業モデルである。5人の酪農家により牧場の共同経営会社㈱フェリスラテ（社長　田中一正氏）を設立、県酪農協が牧場施設を建設・同社に貸与し技術・経営指導などの支援を行い、農林中央金庫は金融面と人材育成面で支援する。

鍬入れ式には関係者約50人が出席し、会場は一様に昂揚感に包まれた。酪農家を代表し田中一正氏は「これまで培った経験と、離農を強いられた悔しさをバネに必ず成功させる」と強い決意を語り、福島県の農業復興と酪農業全体の課題克服、なによ

「福島復興牧場」共同記者会見、左から㈱フェリスラテ 田中一正社長、県酪農協 但野忠義組合長、農林中央金庫福島支店 有田吉弘支店長

り避難農家の再起を懸けた生産・生活基盤の取戻しへの新たな挑戦が始まったのである。

現在、関係者一丸となって今秋稼働を目途に取り組んでいる。本稿では、この復興牧場構想実現に向けた関係者の努力の経緯を紹介するとともに協同組合が果たした役割について考察し、今後の展望を述べたい。

## 1.「福島復興牧場」の背景・目的

### (1) 全国の酪農業の現状

全国的にみて酪農経営は小規模家族経営体が多いため、収益性が低く、長時間労働・休暇が取得できないなど後継者確保が困難となっており(図1、2)、担い手の高齢化とともに酪農家戸数や生乳生産量の減少が続いている(図3)。また、過去、長く続いた生産調整により酪農家は搾乳頭数を減らすなど経営

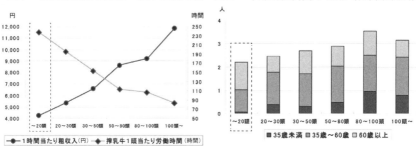

図1　経営規模別収益性・投下労働時間　　図2　年齢別経営関与者数（経営規模別）

出典：農林水産省「平成24年度畜産統計」　　出典：図1に同じ

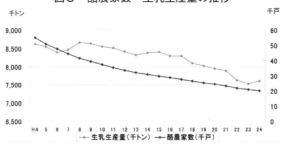

図3　酪農家数・生乳生産量の推移

出典：図1に同じ

計画の変更を迫られたこともあった。

　これらの要因が重なり、今日の生乳自給率の低下に繋がっているといえ、将来的に安定した生乳生産を確保するため酪農業の構造改革とそれに伴う後継者確保が課題となっている。

（２）福島第一原発事故の影響

　原発事故前、県内に525戸あった酪農家が事故後320戸（うち63戸は避難休業）に減り、県全体の受託販売乳量は2010年度87,374トンから事故後は70,963トンと大きく落込み、13年度時点でも76,031トンと事故前に比べ１割以上（11,343トン）の減少となっている。その間、県酪農協所属の搾乳頭数は10年４月末7,421頭から25年同月末6,267頭と約15.5％（1,154頭）を超える経産牛が減少した（図４）。

　事故当初、福島県では酪農家76戸が避難休業を強いられ、事故発生から３年以上の歳月が経過した現在でも営農を再開した酪農家はわずか13戸に止まり、残りの63戸は避難休業を強いられている。国の指定区域再編により「避難指示解除準備区域」に指定された地域であっても除染・インフラ整備は遅々として進まず、「帰還困難区域」や「居住制限区域」に指定された地域にあっては、更に長期にわたる避難を余儀なくされ帰還・営農再開の見通しが立たない状況にある。

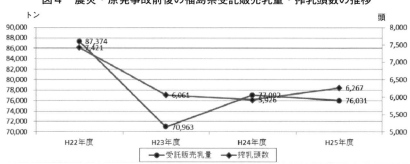

図４　震災・原発事故前後の福島県受託販売乳量・搾乳頭数の推移

出典：県酪農協

## (3)「福島復興牧場」の目的

　復興牧場の目的は上記の背景を踏まえ、原発災害により避難を余儀なくされた酪農家の営農再開支援を第一義に、①大規模・共同経営による低コスト生産、労働条件の改善（労働時間の短縮・休日の確保など）すること、②福島県の生乳生産基盤の回復を図ること、また、復興牧場において③酪農後継者や新規就農者への酪農経営・技術向上を目的とした研修機会も提供していくことである。

　復興牧場は被災酪農家の営農再開に向けたチャレンジの場であり、加えて、日本の酪農業界が抱える低い収益性・長時間労働等の課題に対する事業モデルとして酪農業全体の活性化を目指すものである。

## 2.「福島復興牧場」の概要

### (1) ㈱フェリスラテの設立

　県酪農協では、原発事故による避難生活の長期化により組合員の「酪農再開への意欲が著しく衰退」し、このままでは「酪農に対する情熱も薄れる」との危機感が日々増していた。そこで「福島復興牧場」構想に至り、避難休業中の酪農家を中心に参加を呼びかけた。これに対して5人の酪農家が賛同し14年4月に牧場の共同経営会社㈱フェリスラテを設立した（**表1**）。社名の「フェリスラテ」はイタリア語で「幸福の牛乳」を意味し「牛乳生産を通じ福島を幸せにする」との思いが込められている。

　復興牧場は同社が主体となって運営される。牧場用地は周辺環境等を考慮

表1　（株）フェリスラテの概要

| 経営主体 | 株式会社フェリスラテ |
|---|---|
| 設立年月 | 平成26年4月 |
| 所在地 | 福島市土船字新林25－17 |
| 資本金 | 300万円 |
| 出資者・役員 | 避難休業酪農家5名<br>（南相馬市出身1名、浪江町2名、飯舘村2名） |
| 代表者 | 田中　一正（飯舘村出身） |
| 勤務体制 | 役員5名、社員6名（募集）、パート7名（募集）の計18名でのシフト勤務を予定 |

出典：農林中央金庫「『福島復興牧場』の概要」―同金庫HP―に筆者補記。

図5　「福島復興牧場」の完成予想図

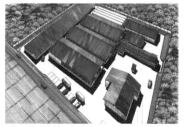

出典：県酪農協・㈱フェリスラテ・農林中央金庫「復興牧場事業計画」資料

した大規模経営が可能な土地とし、県酪農協が福島市内（JR福島駅より西に車で20分程度の場所）に新ふくしま農業協同組合が所有する土地を買取り、敷地面積3.6haに牛舎3棟、乾乳牛舎、堆肥処理施設、飼料庫など10棟の施設を建設する（図5）。

15年2月現在、復興牧場の用地造成工事が完了し牛舎建設工事を行っているところであり、今秋稼働を目指している。

### （2）事業スキームとその内容

復興牧場の事業スキームは、県酪農協・㈱フェリスラテを中心に全国団体である全国酪農業協同組合連合会（以下、全酪連という）、農林中央金庫が連携しまとめ上げた。

県酪農協が牧場施設を建設し、復興牧場事業の経営主体である㈱フェリスラテに施設をリース方式により貸与する。県酪農協は㈱フェリスラテに対して技術・経営指導などの支援をするとともに、生産した生乳は県酪農協を通じて出荷し通常の流通ルートで販売する。設備投資を県酪農協が行うことにより、大規模経営に伴う資金面での参入ハードルを下げ、研修を実施するこ

図6　事業スキーム

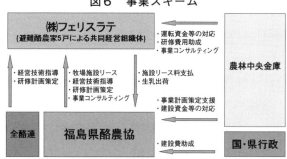

出典：図5に同じ

とにより共同経営・大規模経営のノウハウ獲得も支援する。

2015年に乳牛約500頭を購入し、翌年以降、約580頭規模を飼養する。年間約5,000トンの生乳の生産を計画する県内最大規模、東北有数の大規模・共同経営方式の事業モデルとなる。一方、農林中央金庫は金融面と人材育成面で幅広く支援する（図6）。

### （3）事業費用と資金調達スキーム

総事業費は17億6,600万円で、その内、牧場施設建設費等の82.5％に当たる約10億7,400万円は国や県の補助金を活用し、残る7億円規模を農林中央金庫が金融面で支援している。牧場施設建設資金や素牛等導入資金は「復興ロ

図7　資金調達スキーム

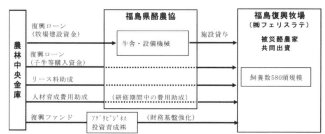

出典：農林中央金庫「福島県の避難農家による福島復興牧場への支援について」
―同金庫HP―

表2　事業費用

| 事業項目 | 必要費用 |
|---|---|
| 造成、設計等*1 | 5,200万円 |
| 牧場施設建設*2 | 12億5,000万円 |
| 牧場用地取得*3 | 3,800万円 |
| 素牛導入*4 | 3億6,600万円 |
| 運転資金*5 | 6,000万円 |
| 合計 | 17億6,600万円 |

＊1、2　造成、設計、施設建設費用については事業費の82.5％を「東日本大震災農業生産対策交付金事業」により国・県行政の補助金にて、残額分を農林中央金庫の低利融資制度「東北農林水産業応援ローン（復興ローン）」により資金調達。
＊3　牧場用地は県酪農協の自己資金にて取得。
＊4　素牛導入資金は、県酪農協が農林中央金庫より「復興ローン」にて借入し、（株）フェリスラテに転貸。
＊5　運転資金は農林中央金庫の関連法人であるアグリビジネス投資育成（株）より「東北農林水産業応援ファンド（復興ファンド）」での出資により調達。
出典：県酪農協・（株）フェリスラテ・農林中央金庫「復興牧場に関する説明資料」。

ーン」による低利資金を県酪農協に提供、運転資金は同金庫関連法人による「復興ファンド」を通じて㈱フェリスラテに出資するなど経営の安定化を図ることとしている（表２、図７）。

**（４）安全性確保・環境配慮に向けた取組み**

　福島県で生産される生乳は福島県が全ての集乳所（CS：クーラーステーション）で放射性物質のモニタリング検査を毎週１回（月曜日）実施している。加えて、県によるモニタリング検査日を除く毎日、福島県生乳委託者委員会（全農福島県本部、県酪農協）が自主的に全ての集乳所でモニタリング検査を実施している（図８）。

　復興牧場の建設予定地については10年10月にIRSN（フランス放射線防護原子力安全研究所）の検査を受け、土地、水質、環境について問題がないとの評価を受けており、使用する飼料、水等についてもIRSNのガイドラインに基づき管理する。田中社長は「日本で最も厳しい基準で検査している点を

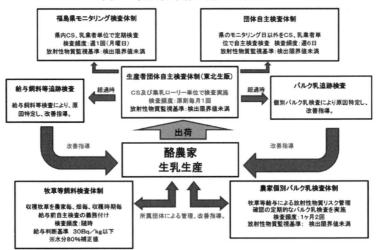

図８　安全性確保に向けた取組み

出典：県酪農協

アピールし、風評を払拭したい」と強く訴えている。

また、環境配慮に向けた取組みとしては、復興牧場では堆肥舎に脱臭棟を設置する等、脱臭設備を充実させることにより悪臭を最大限低減させることとしている。

## 3．「福島復興牧場」に懸ける思い―5人へのインタビューから

### （1）それぞれの物語

㈱フェリスラテの代表である田中社長は、幼い頃から牛に興味があり非農家出身ながら北海道の酪農関係の大学を卒業し、栃木県下の牧場に就職した。20代ながら1,000頭規模の管理を任され経済性重視の経営を経験した。しかし、当初の牛一頭一頭と丁寧に、じっ

㈱フェリスラテ設立に参加した5人の酪農家、左から門馬秀昭取締役、宮田幸雄取締役、田中一正社長、但野賢士取締役、長谷川義宗牧場長

くりと関わりたいという思いとかけ離れていく日常に悩み、思い切って30代になって牧場を辞め、単身で飯舘村に入植した。小さくてもいいから、自分のやりたい酪農がやりたい、自分の願いがかなう酪農を目指し、60頭（経産牛45～50頭）の経営も軌道に乗ったところで、ちょうど10年後に今回の震災、原発事故に遭遇することになった。

「代表としての思いは」という筆者の問いに「福島の酪農、ひいては全国の酪農を先導するというような大仰な思いはない」という謙虚な回答が返ってきたが、その鋭い目は「この事業を成功させることが自ずと、そのことに繋がるのだ」と力強く語っているように思えた。経営者として経営・事業の現実、足元をしっかりと見つめる、まさにリーダーにふさわしい姿がそこにあった。

さらに、取締役の門馬秀昭氏、宮田幸雄氏、但野賢士氏と長谷川義宗牧場長の4名を加えてのインタビューではそれぞれの人生が語られた。家族も含めその苦悩・労苦には筆舌に尽くし難いものがあるが、復興牧場に懸けるそ

れぞれの思いを話してもらった。
・「なんで借金してまでやるのだという人もいるが、こんでは終われない。」
・「泣いても騒いでも元には戻らない。何かと悔しい思いを持って一生生きるのも悲しい。今できることを今やる。」
・「行政はどうしたいんだと聞いてくる。自分がこうしたいんだと言わない限り人は動かない。自分自身が踏み出さないと駄目だ。」
・「牛がいない家が想像できなかった。息子から『パパはもう牛を飼わないの？』と言われた。」
・「原発事故対応では組合が頑張ってくれた。組合あっての農家だし農家あっての組合だ。」

　酪農家にとってみれば牛がいることが至極当たり前の風景であったし、その当たり前のことが原発事故により突然、理不尽に奪われたのである。今回の新たな挑戦に過度な気負いは感じられなかった。足元をしっかりと見つめ、この事業を成功させることが自ずと生産・生活基盤の取戻しに繋がるのだとの強い意志を見た思いである。震災後３年以上の歳月が経過し、それぞれのドラマが生まれ新たな一歩につながっていることを改めて感じた。

## （２）共同経営方式とフリーストールへの挑戦

　復興牧場は飼養頭数で県内最大規模（**表３**）、かつ複数経営者による共同経営方式となる。この共同経営方式は県内に２事例しかなく、飼養頭数の大規模化に伴い飼養形態は県内で一般的な「繋ぎ飼い」から「フリーストール（放し飼い牛舎）」となり、酪農技術体系が大きく異なるものとなる（**表４**）。放し飼い方式により１従業員あたりの飼養頭数が増加し、共同経営方式とすることで労働効率の更なる向上や労働条件の改善が進み、農家の所得向上が図られる。ただし、経営の安定化には経営方法の知識・ノウハウ習得が不可欠であり、当社では県酪農協・全酪連・農林中央金庫の支援を得て研修プログラムを用意し、その習得に日々邁進している（**表５**）。

表3　県内の成畜飼養頭数別農家戸数（2013年1月現在）

| 1～49頭 | ～79頭 | ～99頭 | ～199頭 | ～299頭 | ～399頭 | ～499頭 | ～599頭 |
|---|---|---|---|---|---|---|---|
| 388戸 | 29戸 | 6戸 | 7戸 | 1戸 | － | － | 復興牧場（580頭） |

出典：農林水産省「農林水産統計（畜産統計）」および県酪農協ヒアリング。

表4　放し飼い牛舎の特徴

| 震災前（繋ぎ飼い）・家族経営 | 復興牧場（放し飼い牛舎）・共同経営方式 |
|---|---|
| （利点）<br>・牛が繋がれているため、酪農家の目が行き届きやすく個体管理が容易。加えて、牛舎が小さく済むため本州では主流。<br>・家族経営のため、経営方針等、比較的自由に決定可能。 | （利点）<br>・牛が自由に移動できることから、給飼場や搾乳室に牛が自ら集まってくるため、酪農家の作業効率（労働時間短縮等）が良く、多頭数飼育が可能。また、仕切りのない牛舎のため建設費用も安価。<br>・法人経営のため、柔軟な勤務体系を組むことが可能。 |
| （課題）<br>・牛が場所の移動が出来ないため、給飼・搾乳作業等で労力（※）を要するため、規模拡大が困難。<br>・小規模経営が多く、計画的な休日取得等が困難。<br>（※）①酪農家が牛の前に餌を運ぶ、②搾乳機械を移動させながら行う等。<br>⇒頭数が40～50頭が適正となるため高コスト経営となる。 | （課題）<br>・多頭数が放し飼いの状況。そのため、牛の動き等から健康状態・発情等を判断する技術・ノウハウが必要。<br>・経営者と従業員が家族を前提としないため、経営方針決定方法や労務管理方法等の整備が必要。<br>・規模拡大に伴い、個体別繁殖（生育）履歴管理や収益管理の徹底が必要（複数人による情報共有のためにシステム化が必要）。 |

出典：農林中央金庫調べ。

表5　研修プログラム

| | 研修項目 | 研修目標 | 内容（講師等） |
|---|---|---|---|
| 農業生産法人運営研修 | 法人運営 | 法人経営を行ううえで必要な知識、心得を学ぶ | 法人運営の理解（全酪連生産指導室） |
| | 経営管理（DMS） | | システム管理帳票の活用方法や収支改善方法等の習得（全酪連生産指導室） |
| | 労務管理 | | 就業規則や業績評価等の仕組みの習得、作成支援等（社会保険労務士） |
| | 租税対応 | | 個人事業者と法人事業者の違い等（税理士） |
| 大規模農場作業研修 | 乳牛行動 | 大規模農場の中での作業体系、スキルの習得 | フリーストールの中での牛の行動理解 |
| | 施設 | | 大規模施設の特性・システム理解 |
| | 搾乳 | | 多頭数搾乳スキルの習得 |
| | 繁殖 | | 戦略AI、発情発見方法 |
| | 哺育（ロボット） | | 多頭数哺育およびロボット操作の習得（全酪連技術研究所、哺育センター） |
| | 飼料給与 | | ミキシング、餌押しロボット操作、DMIスキル習得 |
| | 堆肥 | | 戻し堆肥作成方法の取得 |
| | ベットメイキング | | オガクズ、戻し堆肥、籾殻活用方法習得 |
| | 分娩介助 | | 多頭数対応方法 |
| | 自給飼料生産 | | 大型機械による管理技術の習得 |
| | 牛群検定 | | 情報の活用方法（家畜改良事業団） |
| | 繁殖台帳webシステム | | システムの活用方法（家畜改良事業団） |
| | 衛生 | | 大規模農場における伝染病リスク防除（獣医） |
| 先進事例視察研修 | 北海道研修 | 各経営体での問題点や参考とすべき点を理解する | 大規模共同経営体視察・コントラクター組織視察（北海道ギガ研修） |
| | 本州視察 | | 同規模の経営体視察・先進的堆肥処理事例視察（本州500頭クラスの牧場等） |

出典：前表に同じ。

## 4．関係団体の支援

### (1) 県酪農協

県酪農協は福島県内一円を区域とする酪農の専門農協である。14年3月末時点で組合員数は378名（うち正組合員370名）、職員数69名・専従獣医師10名を抱え、組合員指導、生乳受託販売、飼料等購買、施設利用等の事業を行っており、本所（本宮市）および県北支所（伊達郡川俣町）、県中支所（郡山市）、県南支所（白河市）、浜支所（南相馬市）の4支所で業務にあたっている。現在、浜支所のある南相馬市小高区は「避難指示解除準備区域」に指定されており支所機能を本所に開設し、東日本大震災・原発災害による農畜産物・営業損害の東京電力に対する賠償金請求等の対応も行っている。

福島県酪農協組合長 但野忠義氏

県酪農協では復興牧場構想の企画・立案から牧場施設の建設、㈱フェリスラテ（酪農家）に対する技術・経営指導など全面的に支援している。構想当初は主導的立場で、計画が具体化した現在では裏方に徹しサポートしている。

但野組合長は「牛を奪われるのは酪農家にとって忍び難いことであるが、酪農は装置産業であり施設整備や素牛導入等の準備、資金が必要であり簡単には営農再開はできない。それをどうするかだ。そこに組合の存在意義があるのであり、われわれ専門農協はその専門性の発揮が問われている」のだと酪農業の抱える構造的問題にも対峙しそれを乗り越えようとする気概が強く伝わってきた。

### (2) 農林中央金庫

農林中央金庫は早くから復興牧場構想の意義を理解し県酪農協のメインバンクとして、県酪農協や全酪連と連携し構想段階から参画し、「金融対応可能な枠組みになるよう」に計画を仕上げ、多面的な支援を行うことを決定し

### 表6　農林中央金庫による「復興支援プログラム」

農林中央金庫は被災地復興を最優先の経営課題とし、「農林水産業と食と地域のくらしを支えるリーディングバンク」を標榜し業務を遂行している。「担い手の挑戦意欲は復興の原動力」と捉え、行政との連携も含めそれを持続可能な取組みへと高めていく支援が重要と考えており、取組方針として、①構想段階から金融面で助言・計画策定を支援し、「構想を実現へ」と向かわせること、②販売強化支援（事業連携支援等）を行い、「実現から持続可能な取組みへ」と昇華させることを企図し、「金融対応可能な枠組みになるよう、構想段階から踏み込んだ助言・対応」を行っている。

平成23年度に「復興支援プログラム」（期間4年程度、支援額300億円）を創設し、①被災した農林水産業者等への支援、②被災会員への事業・経営支援と、復興支援の推進にあたり職員派遣等による人的支援もあわせて行っている。

金融面では被災農林水産業者の経営再建や震災を契機として新たな取組みに挑戦する地域の復興構想を後押しするために、長期低利の融資商品となる「復興ローン」や同金庫関連法人を通じた「復興ファンド」を用意し、農協・漁協の災害資金を利用する農漁業者の負担を軽減するための利子補給制度、更にはリース方式で農機等を取得する被災農家にはリース料助成制度なども創設している。平成26年9月末時点での「復興ローン」・「復興ファンド」の実行実績（累計）は100件・280億円となり、農協・漁協を通じた金融支援175億円とあわせ、累計4,598件・455億円と被災地に幅広く復興金融機能を提供している。

#### 復興支援プログラムの概要

| | 対象者 | 内容 |
|---|---|---|
| 金融支援プログラム | 農林水産業者等 | 金融対応（利子補給、復興ローン―低利融資―）等 |
| 事業・経営支援プログラム | 会員組織 | 事業復旧（店舗、ATM、端末等のインフラ復旧支援） |
| | | 経営対策（会員の経営基盤強化のための支援等） |

出典：農林中央金庫「東日本大震災に関する情報『震災復興に向けた取り組み』」―同金庫HP―

#### 復興金融の対応実績

| 種類 | 件数 | 金額 |
|---|---|---|
| 復興ローン（東北農林水産業応援ローン）（平成23年12月取扱開始） | 融資件数77件 | 融資額276億円 |
| 復興ファンド（東北農林水産業応援ファンド）（平成24年2月取扱開始） | 投資件数23件 | 投資額4億円 |
| リース料助成（平成24年7月取扱開始） | 助成件数652件 | リース料総額30億円 |
| 農協・漁協災害資金利子補給（平成23年4月取扱開始） | 支援件数3,846件 | 融資額145億円 |
| 合計 | | 455億円 |

出典：同上。
注：平成26年9月末までの状況。

た。

　具体的な支援内容として金融面で既述の事業費用・資金調達スキームの項に詳述したとおり各種支援を実施するが、中でも「復興ローン」は実行日から当初3年間は無利子、以降最終期限まで利付農林債の募集利率と同率（資金対応予定額：586百万円、利率：長期プライムレート▲0.9％）と極めて低

金利なものになっている。

　非金融面では経営の安定化には経営方法の知識・ノウハウ習得が不可欠との認識のもと、㈱フェリスラテの人材育成面で必要な費用を助成する等、営農再開にチャレンジする被災酪農家の持続的な営農をサポートするため踏み込んだ対応を行う予定である。

　牧場稼働後は農林中央金庫による経営全般にわたる多面的なコンサルティング機能発揮の一環として、県酪農協・㈱フェリスラテ・農林中央金庫の三者で四半期ごとに経営検討会を実施し、メインバンクとして安定的経営・持続的な営農を実現するべく経営課題等に対し助言・サポートを行うこととしている。

　なお、農林中央金庫ではこの様に東日本大震災で被害を受けた農林水産業の復興を全面的に支援するため「復興支援プログラム」を創設しており、金融面と人材育成面で幅広く支援している（**表6**）。

## おわりに代えて―協同組合の役割と展望―

　復興牧場構想が実現したのは原発災害から生産・生活基盤を何とか取り戻そうとする避難農家の意欲に対し、関係者それぞれが自ら果たすべき役割を認識し、思いをひとつにそれぞれの専門性を発揮し応じた結果といえる。それには県酪農協という核になる存在が不可欠であった。協同組合の理念のもと、被災者へのいたわりと寄り添う気持ちは何にも代え難いが、構想を現実に変えるには核となる存在と関係者それぞれが酪農技術、経営、販売、検査、金融などの高度な専門能力をもって貢献することの必要性を強く思う。また、教育・研修の機会を通じ、それぞれが成長していくことも重要である。

　復興牧場は避難農家の生産・生活基盤を取戻し、福島県の農業復興と酪農業全体の構造的問題にも挑戦する、事業モデルとして広がりの可能性を示している。本事業が成功し先駆けとして大きく羽ばたき、第二、第三の復興牧場に繋がっていくことが期待される。

　なお、復興牧場の取組みについて本稿では大規模・共同経営方式の事業モ

デルを中心に取上げたが、同時に将来に向け同牧場が再生可能エネルギーの活用をはじめ循環型農業を志向していることにも注目したい。

付記

　福島県酪農業協同組合代表理事組合長：但野忠義氏、同組合常務理事：小野隆司氏、同組合統括部長：岡正宏氏、同組合生産部部長：佐藤洋一氏、㈱フェリスラテ代表取締役：田中一正氏、同社取締役牧場長：長谷川義宗氏、同社取締役：門馬秀昭氏、同社取締役：宮田幸雄氏、同社取締役：但野賢士氏および農林中央金庫福島支店支店長：有田吉弘氏、同支店次長：伊東大輔氏、同支店職員：福井圭氏はじめ関係各位にはご多用にもかかわらず快く取材に応じていただいた。ここに記して御礼を申し上げる。

**参考文献**
長谷川健一「原発に『ふるさと』を奪われて〜福島県飯舘村・酪農家の叫び」宝島社、2012年。
長谷川健一「【証言】奪われた故郷〜あの日飯舘村で何が起こったのか」オフィスエム、2012年。
長谷川健一「写真集飯舘村」七つ森書館、2013年。
長谷川健一・長谷川花子「酪農家・長谷川健一が語るまでいな村、飯舘」七つ森書館、2014年。

# ⑨ 加害者保護へ向かう原子力損害賠償制度
―議論なき改定、再び事故へ―

本間　照光

## 1. 議論なき改定の危うさ

　賠償問題・原子力保険は、原発リスクを映し出す鏡である。その鏡は、「安全性」の表層の奥の重大リスクを映し出す。法規に従って運転されていれば安全といえるのか。地震による放射能漏れはありえないのか。当事者自身が原発を安全と考えてきたのか。これらへの解答は、すでに原子力損害賠償制度と原子力保険の構造のなかに示されていた（本間「原子力保険のパラドックス―核時代と原子力損害賠償制度」、1982年3月、参照）。それが、フクシマ原発事故で現実のものとなった。

　フクシマ原発事故から4年が経過し、あたかも何ごともなかったかのごとく、ふたたび安全、安定、安価、環境適合、準国産と強調され、原発再稼働と輸出へと前のめりになっている。原子力発電に対していかなる立場にあろうとも、再び事故をくり返さない、被害を拡大させないことは不可欠である。そのためにも、事故に向き合い責任の所在を明らかにし被害者保護に万全を尽くすことが求められる。ところが、原発を推進してきた人々がフクシマ原発事故から学んだのは、原発のリスクそのものを回避することではなかったといわざるをえない。学んだのは、自らが負わなければならない事故責任と賠償責任をこそリスクととらえ、他に転嫁することであった。

　保険には、リスクの現実を追認・再生産する側面と改良・変革する側面が

ある。そのばあい、事故と賠償に向き合わないことは、原発リスクの現実の追認・拡大再生産となり、重大事故はくり返される。原子力損害賠償制度（原賠制度、原賠法）は、いっそうの加害者無責任、加害者保護への改定に向かおうとしているのである。それにもかかわらず、被害者の弁護にあたる法曹関係者や被害者からさえ、原賠制度の大もとを問う声がほとんど出ていない。

　大もとの議論もなしに原賠制度改定へと向かう危うさを警告し、広く社会全体からの議論を呼びかけたい。

## 2．欠いた災害対策・賠償マニュアル

　フクシマ原発事故から4年が過ぎて、2015年、「原発事故―賠償手引［原子力事業者］6社未整備、再稼働申請が先行」「『免責制度』見極め―国の見直し期待する事業者」「『安全』過信した東電」と報じられている。「文科省は1999年に茨城県東海村で起きたJCO臨界事故を受け、原発事故発生から賠償合意までの流れや平常時からの関係者間の連携など、原子力事業者らに求められる対応を示した『原子力損害賠償制度の運用マニュアル』を2009年12月に制定。事業者に配布し、翌年3月には説明会も開いた。文科省マニュアルは各事業者に対し、事業者ごとの『損害賠償に関する業務マニュアルなど』の作成を求めている。」[1]（毎日新聞　2015年5月11日）。

　ところが、毎日新聞社が調査した原子力事業者12社中、東電を含む6社はいまだにマニュアルを作成していない。しかも、作成済みの6社においても、フクシマ原発事故後に作成ないし改定したと答えたのは、1社にとどまっている。マニュアルとは、文部科学省・原子力損害賠償制度の在り方に関する検討会運用ガイドライン検討ワーキング・グループ「原子力損害賠償の運用マニュアル」（2009年12月25日）である。

　原賠制度・原子力保険は権力と金力によって歪められながらも、その歪んだ鏡にも原発リスクの現実が映し出される。マニュアルの作成とフクシマ原発事故を踏まえた改定は、今後起こりうるであろう事故の原因、態様、被害と広がり、避難経路の確保、それらに対する対策と規制基準などと連動して

いる。これらの構造を反映して作成されるべきマニュアルが作成されていないことは、想定される事故と被害に向き合わず、検証・点検しないことを意味する。原発の規制と事故が起こってからの対応と賠償は別のものではないのである。

　マニュアルが作成されずフクシマ原発事故後も改定されていないことは、組織的な災害対策の欠如を意味する。事故への備えをもたない指示待ち、情報隠し、被害者放置と被害の拡大をもたらす。事実、マニュアルを作成していなかった東電のフクシマ原発事故では、住民や自治体に情報が伝えられず、SPEEDIの情報は隠され、避難者は避けられたはずの被曝を強いられ、賠償請求にあたっても被害者は加害者から膨大な書類提出を求められた。

　然るに、マニュアルでは次のようになっている。「損害の拡大を防ぎ、すみやかに賠償手続きを進める。」「文部科学省の見解が確定するまでに時間を要する場合には、見解を待つことなく」「証拠書類については……できる限り軽減する」「原子力事業者は請求者からの相談に丁寧に対応する。」「できる限り迅速に賠償手続きと保険金・補償金支払手続きを進めるため、被害明細書と合わせて提出すべき損害額の算定資料は必要最小限のものにとどめる等、簡略化の可能性を検討する。」「国は……原子力事業者と一体となって最後の被害者まで賠償を行き渡らせる。」「原子力事業者は、正確な事故の情報の説明や賠償手続きの案内、賠償原資の確保等の様々な面で、被害者の保護を最優先に対応する必要がある。」「損害賠償を確保するために必要な措置は、各防災主体による組織的・計画的な協働体制を活用し、災害対策の一連の行為として実施できるようにする。」

　みられるように、東電フクシマ原発事故ではマニュアルとはまったく逆のことが行われ、現在進行形なのである。賠償問題すなわち原子力損害賠償制度は、原発事故の金銭賠償に矮小化されるべきものではない。「災害対策の一連の行為」に位置するものだ。したがって、それを欠くことは、事故と被害に向き合わず、ふたたび重大事故を引き起こすことになる。

## 3．加害者無責任・保護への改定

　このような状況下で、原賠法（原子力損害の賠償に関する法律）の改定作業が急ピッチで進められている。原子力事業者の責任を有限とし国家補償に回し、天災地変などに関わって事業者の免責の道を広げる方向だ。原賠法は「欠陥法」だとの主張が、フクシマ原発事故直後に政財界とその周辺から出ている。事業者に無過失責任と無限責任という過度の負担を負わせ、国の責任をあいまいにしているから欠陥だというのである。

　事故直後から経団連会長や電気事業連合会は東電を国策による被害者であるとして、東電の免責を求め、国による賠償を主張した。これに東電経営者が呼応した。マスメディアも、「電力会社に無限責任を負わせる原賠法の考え方には無理」（日本経済新聞、2011年6月17日、社説）、「責任曖昧な原賠法」「ボタンの掛け違い50年前から」（同、6月26日）と論評している。民主党政権下ですでに、次のように与野党合意が進んでいた。

　「賠償主体あいまい……欠陥原賠法　半世紀」「事故後、民主党内で原発事故の賠償のあり方を規定した原子力損害賠償法（原賠法）の改正案がひそかに作成されていたことが分かった。現行法ではあいまいな国の責任を明文化することで被災者支援に万全を期す内容。……与野党は改正で、合意しており、次期政権ではこの案をたたき台に改正論議が進むとみられる。」（毎日新聞2011年8月1日）

　そして、2011年8月に成立した「原子力損害賠償支援機構法」（2014年8月から、原子力損害賠償・廃炉等支援機構法）では、与野党協議によって、次の条項が修正追加された。「（国の責務）第2条　国は、これまで、原子力政策を推進してきたことに伴う社会的責任を負っていることに鑑み、原子力損害賠償支援機構が前条の目的に達することができるよう、万全の措置を講ずるものとする。」さらに、附帯決議では1年をめどに原賠法を見直すとされていた。

　2014年6月には、「原子力損害賠償の見直しに関する副大臣等会議」が発

足し、経済産業省総合資源エネルギー調査会につくられた原子力問題小委員会でも原賠制度改定が俎上にあげられた。副大臣等会議では、2014年12月、「原子力損害賠償の在り方の論点」として、「原子力損害賠償に係る制度」――「原子力事業者の責任の在り方」「国・他のステークホルダーの責任の在り方」「損害賠償措置額の在り方」「原子力損害賠償法第3条第1項ただし書の免責事由（異常に巨大な天災地変）の在り方」などが提示されている（文部科学省提出資料）。

これを受けて2015年1月、原子力委員会で、原賠制度改定の作業をすることが決まった。また、あわせて「原子力損害の補完的補償に関する条約（CSC）」（米国、アルゼンチン、モロッコ、ルーマニア、アラブ首長国連邦が加盟）が2013年11月に国会承認され、2015年1月に加盟、同条約は4月に発効した。

改定なしにすでに、支援機構をトンネルに、39回目の交付で政府からの賠償資金注入は累計4兆8,133億円にのぼっている。「東電が政府から受け取った賠償資金の総額は原子力損害賠償法に基づく1,889億円と合わせて5兆22億円」（日本経済新聞、2015年4月23日）となっているのである。現状でも、東電と利害関係者（株主、貸し手の金融機関、社債である電力債の債権者、原発メーカー等）は無傷だが、原賠制度見直しは、これを法律上も明文化し原子力事業者とその利害関係者の責任をさらに限定することになる。

「欠陥」というならば、原賠制度の全体が欠陥である。公衆に原子力損害を及ぼす重大事故は起きない、事故が起きてもごく限られた被害にとどまるとの仮定の下で、制度がつくられているからだ。しかもその内実をみると、原子力事業者と利害関係者、保険業者などは責任を局限され、あるいは免責されている。そのうえ、フクシマ原発事故後の今、「世界で最も厳しい水準」の規制なる虚構とは裏腹に、現実の巨大リスクを反映した自らの賠償責任は限定され、国費と利用者の電気料金、被害者の犠牲に回されようとしているのである。

## 4．重大リスクを映し出す原賠制度、原子力保険

　そもそも、技術的にも商業ベース的にも対応できず、動かしてはならない原発を動かすために原賠制度がつくられたのである。そのため、もともと原子力事業者とその利害関係者の賠償責任は限定され、多くは国すなわち国民と利用者に回されるようにできている。

　核軍事技術の転用として、商業用の原子力発電が推進されてきた。原発は巨大なリスクを内包し、ひとたび事故が起きると制御不能である。さらに、原発技術・核燃料サイクル技術は未完成で、完成の見通しはない。そのもとで、アメリカそしてイギリスは、原発技術と機器を輸出するにあたって、国内同様に原子力事故発生時の製造者の免責を条件とし、起きないはずの事故の際の被害者保護に対応するとして、各国にも原賠制度の制定を求めた。

　原賠制度は、①原子力事業者へ賠償責任を義務づけること、②しかも履行できる範囲の限定された義務であること、③したがって、発電の前後のリスクを除外し、発電そのもののリスクも一小部分に限った構成が必要であった。原発の重大事故（シビアアクシデント—過酷事故）にしても、起こらないのではなく、予想される事態が深刻であればこそ、起こらないと仮定しておく必要があったのだ。

　日本の原賠制度は、1961年に制定された「原子力損害の賠償に関する法律」（原賠法）および「原子力損害賠償補償契約に関する法律」（補償契約法）によっている（**図1**）。

　各国の原賠制度と賠償に関する諸条約には、次の原則がある。①無過失責任主義、②賠償責任の集中、③損害賠償措置の強制、④賠償責任の限度額設定（日本では原子力事業者の無限責任）、⑤国家補償、この原則のもと、原賠法は、「被害者の保護を図り、及び原子力事業の健全な発達に資することを目的」（第1条）とし、被害者の保護と原子力事業の健全な発達の2つの目的で制定されている。

　電力会社などの原子力事業者には、原賠法で一定額までの財政的措置を講

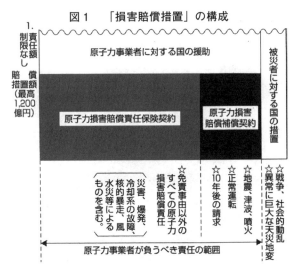

図1 「損害賠償措置」の構成

出所：日本原子力保険プール「原子力保険のあらまし」1980年を補正。

ずることが強制されている。確実かつ迅速な支払いのためだ。この賠償措置額は当初50億円に設定され幾度か改定されてきたが、直近では2009年（10年1月施行）に1サイト（原子力発電所の敷地）あたり600億円から現在の1,200億円となった（同時に補償料率は万分の5から万分の3に引き下げられた。フクシマ事故後、2012年4月から万分の20に引き上げられている─補償料は年3,600万円から2億4,000万円）。これを超える額は、事業者に対して国が援助を行う。事業者の責任は無制限とされている。損害賠償措置は供託その他の方法によることもできるが、事業者と保険会社間の責任保険、そして事業者と政府間の補償契約によってきた。

　責任保険によっては埋めることができない、地震・津波などによる原子力災害が補償契約の支払い対象だ。保険会社が引き受けられないリスクが政府の補償契約に回されている。これとは別に、戦争や「異常に巨大な天災地変」については事業者の責任そのものがないとされ、被災者に対する国の措置によるとされている。

　原子力損害賠償制度には、原子力発電と核燃料サイクルのリスクの現実と

虚構が、冷厳に反映されている。法規（人為）に従って運転されていれば、安全（自然の摂理）といえるのか。地震そして津波による放射能漏れはありえないのか。事故と被害の因果関係を誰が証明するのか、加害者か被害者か。そもそも、原発を推進している当事者自身が原発を安全なものと考えてきたのか。なぜ、世界で日本の原賠制度だけが、地震と津波による損害を損害保険会社の責任保険から免責とし、政府の補償契約に回しているのか。さらにまた、なぜ原子力施設の損害を保護する、任意の原子力財産保険から地震・津波のリスクが除外されているのか。なぜ、日本における地震・津波のリスクを、保険会社と国際的再保険ネットワークはどこも引き受けようとしないのか。

　リスクが深刻かつ現実的であるほどに、内部を空洞化させた原賠制度という虚構を要したのである。ちなみに、原賠制度において強制されている政府の「補償契約」と保険会社の原子力「責任保険」のうち、責任保険にこそリスクの現実があらわれている。責任保険から除外されたリスクは補償契約に回される。さらに、原子力責任保険と「原子力財産保険」を合わせた原子力保険のうち、原子力財産保険にこそ、いっそうのリスクの現実が反映されているのである。原子力財産保険は、原子力事業者が保険会社と契約している自己の原子力施設自体の物的損害を補償するために任意に付けている保険である。

　原子力保険の保険金支払いに備えた責任準備金は、1,073億円（『インシュアランス』2010年版損害保険統計号）である。しかし原子力保険には、損害賠償措置としての「原子力責任保険」とは別に、任意保険の「原子力財産保険」があり、後者の比重が圧倒的に大きい。今日、両者の内訳は公表されていないが、1987年度当時でみると、国内で付けられた保険料の84％が財産保険であり、責任保険は16％にすぎない（保険毎日新聞（損保版）、1988年7月15日）。住民など第三者に対する損害賠償措置は、原賠制度および保険会社による原子力財産保険を含めた全体をふまえてこそ、その意味が浮かび上がる（**表1**）。

表1　原子力損害賠償制度・原子力保険の体系

| 日本原子力保険プール（損害保険会社） | | 政府 | |
|---|---|---|---|
| 原子力保険の種類 | 担保する危険 | 補償の種類 | 担保する危険 |
| （1）原子力損害賠償責任保険<br>①原子力損害賠償責任保険 | 原子力危険<br>在来危険 | 原子力損害賠償補償契約 | 原子力危険 |
| ②原子力輸送賠償責任保険 | 原子力危険 | | |
| ③原子力船運航者賠償責任保険 | 原子力危険 | | |
| （2）原子力財産保険 | 原子力危険<br>在来危険 | | |

注：（1）原子力損害賠償責任保険と原子力損害賠償補償契約が、原賠法に規定する「損害賠償措置」である。
　　（2）原子力施設自体の物的損害をてん補する任意保険。

## 5．なぜ、事実上破綻している東電ペースなのか

### （1）東京電力の経営

　東京電力は、事実上破綻している。現時点でも5兆円に及ぶ損害賠償を「特別損失」とし、支援機構を通じた巨額の国費投入を「特別利益」として穴埋めをし、形のうえでは命脈を保っていることになっているからだ。なぜ、事実上破綻している東電ペースの事故対応と賠償なのか。

　支援機構は東京電力の全体の株式数の54.89％を占め、このうち議決権に関する所有議決権数の割合は50.10％を占めている。フクシマ原発事故時の資本金（普通株式）9,009億円（現在も変わっていない）、事故後、支援機構から1兆円（議決権を持つA種優先株式3,200億円、議決権を持たないB種優先株式6,800億円）の資本金注入を受けている。東電は、事実上破綻しているのである。それにもかかわらず、破綻している東電ペースの事故対応と賠償となっている（2014年3月31日現在―「有価証券報告書」2013年度）。

　東電は、爆発したフクシマ原発の放射性廃棄物を「無主物」として除染の責任を回避してきた。そして、高濃度の汚染水が外洋に漏れ続けるのを1年前に把握しながら放置し隠蔽してきた。さらに、原子力規制委員会も対策を指示せず東電任せにしてきた（東京新聞、2015年2月25日、26日、他、各紙）。賠償についても、当初、説明書類は約160頁、請求記入用紙は約60頁にも及ぶ書類提出を被害者に求めた。今も原発ADR（裁判外紛争解決手続き）の

和解案の拒否をくり返し議事録も開示せず、一方的な賠償打ち切りに向かっている。

## （2）支援機構をトンネルに資本・国費投入

2011年8月に成立した「原子力損害賠償支援機構法」（支援機構法）は、全国銀行協会会長行の三井住友銀行が作成した案を基に経済産業省が誘導した。債権者である大手銀行や大株主の保険会社が痛みを伴わないようにつくられた（日本経済新聞、2011年4月15日。『アエラ』2011年5月16日号）。

原賠法の条文と原賠制度の枠組みには手をつけずに、電力会社の経営責任と経営者・株主・社債権者・銀行などの債権者の責任は不問にされている。「国の責務」は東電をはじめ加害者側を免責するための方便であり、国家賠償法上の責任でもない。要は、誰も責任を取らない加害者の保護である。

国策と商業ベースによる原発推進と原子力損害賠償問題は、製造物責任と社債（電力債）権に象徴的にあらわれている。これまで、原賠制度の「責任集中」原則によって、原子力事業者以外の製造物責任は問われないとされてきた。また、社債権は原子力被害者への損害賠償に優先するとされてきた。いずれも誤りであり、製造物責任と被害者への賠償責任を負い、あるいは電力経営上の負担を免れない。両者に象徴される責任と負担は、株主と貸し手などのステークホルダーにおいて明らかであること、論をまたない。ちなみに、株主、貸し手、電力債保有の中心は、銀行と保険会社などの金融機関、投資家である。

## （3）電力債は被害者救済に優先するのか

原発事故の責任と賠償責任、加害者・株主と銀行・投資家保護か被害者保護かという、根本問題そのものが詰められていない。結果として、加害者と関係者は保護され、被害者は保護されないことになる。東電はすでに債務超過に陥り、事実上破綻している。公的資金の注入によって形のうえでは破綻を免れているだけだ。先ずは、東京電力の破綻処理をし資産と原発埋蔵金を

賠償にあてさせ、責任の所在を明らかにしたうえで責任処理を進めるべきだという主張は、事故当初から根強い。

それにもかかわらず、なぜ事実上破綻している東電ペースの事故対応と賠償となっているのか。東電と利害関係者に負担させるのは、財産権の侵害で憲法違反だと主張されている。また、東電をつぶすと電力債が被害者救済に優先するので、つぶせないとの声が事故後、降って湧いた。すなわち「社債（電力債）権優先論」である。

その根拠とされるのが、電気事業法第37条の「一般担保」の規定だ。「（一般担保）第37条 一般電気事業者たる会社の社債権者（社債、株式等の振替に関する法律（平成13年法律第75号）第66条第1号に規定する短期社債の社債権者を除く。）は、その会社の財産について他の債権者に先だって自己の債権の弁済を受ける権利を有する。」

### （4）「電力債優先論」は、原賠法の法理と沿革に照らして誤り

これをもって、社債（電力債）権者には、原発事故の被害者の損害賠償請求権に優先する先取特権があるというのである。ところが、電気事業法第37条が強調されるばかりで、ほかならぬ原賠法の被害者の損害賠償請求権は素通りにされ、比較検討されていない。比較検討されないのは、東電破綻回避論者ばかりか、破綻論者においても同様である。

原賠法は次のとおり規定する。

「第9条 被害者は、損害賠償請求権に関し、責任保険契約の保険金について、他の債権者に優先して弁済を受ける権利を有する。」「第11条 第9条の規定は、補償契約に基づく補償金について準用する。」「本条〔第9条〕は、責任保険契約の保険金が被害者に確実に渡ることを担保するための規定である。本条は、補償契約にも準用される（第11条）。」（科学技術庁原子力局編『原子力損害賠償制度』通商産業研究社、1962年版、pp.67-68、1980年版、pp.89-90、1991年版、p.94）。

「他の債権者に先だつ」電気事業法の電力債権者の権利と、「他の債権者に

優先」する原賠法の被害者の損害賠償請求権は、いずれが「先だつ」「優先」するのか。

「社債（電力債）権優先論」では、社債（電力債）権が被害者保護・被害者救済に優先するとされる。すなわち、電気事業法（現行法、1964年）が原賠法（1961年）に優先し、その電気事業法は原賠法の被害者保護の原則をわずか3年で全面否定し、変更成立したということになる。日本最初の東海原発が初臨界したのは1965年5月で、66年7月に営業運転開始されている。そうしてみると、満を持して制定された原賠法は、最初の原発稼働前に全面否定され実質的に変更されたということにもなる。それでいて、「社債（電力債）権優先論」では、原賠法第9条および第11条の被害者の優先権についてはまったく言及しない。

原賠法第1条は、「被害者の保護」と「原子力事業の健全な発達」を2つの目的としているが、国会審議では次の通りだ。「一人も泣き寝入りすることなく」（科学技術庁長官）、「ほんとうのねらいといたしておりますのは、第三者の保護……まず、被害者の保護をはかるということを第一に述べ、それから原子力事業の健全な発達」（政府説明員）、「本法の目的は、すべての原子力損害に対する被害者の保護を図るにある」（1961年5月18日衆議院附帯決議）。

原子力委員会の原子力災害補償専門部会で、当時の大蔵省主計局は電力会社に「残余財産」を残したままで国家補償をすることに反対した。我妻栄部会長のもと、有沢広巳委員は大蔵省との折衝に当たったがまとまらなかった。部会は異例の多数決で反対を封じ、報告書を通した（小柳春一郎「原子力災害補償専門部会（昭和33年）と『原子力損害の賠償に関する法律』」(1)～(5)、『獨協法学』第89号～第93号、2012年12月～2014年4月、参照）。しかし、その後の法案作成において国家補償案は採用されなかったのである。

さらに、電気事業法に「一般担保」が規定されたのは、敗戦の翌年の46年で電力経営の資金調達のためだ。占領と講和、十余年の電気事業法の無法律期間を経て現行法ができたのが64年、原賠法から3年後である。しかし、膨

大な電気事業審議会と国会審議を通じて一般担保は全く俎上に上がっていない。原子力委員会の原子力災害補償専門部会で委員だった有沢広巳が、電気事業審議会では会長として指揮に当たっている。

　電気事業法の「一般担保」の規定をもって、電力債が被害者保護に優先するとすることはできない。被害者の優先権を賠償措置額（1,200億円、原賠法制定時50億円）どまりとし、それ以上は電力債が優先するとすることもできないだろう。それでは、電力債すなわち電力経営の資金調達、つまりは加害者である原子力事業者の経営が被害者保護に優先することになってしまうからである。つまり東京電力はつぶせない、つぶすと電力債の債権者の権利が被害者保護に優先するとの主張は、原賠法および電気事業法の法理と沿革に照らして誤りだといわざるをえない。

　電力債優先論は、原賠制度すなわち原賠法の目的をゆがめて解釈していることに由来している。原賠法第1条は、A「被害者の保護」とB「原子力事業の健全な発達」を目的としている。この2つの目的は、「同等の重点が与えられる」「一方に偏ることがあってはならない」と解説されてきた（科学技術庁原子力局編『原子力損害賠償制度』1962年、80年、91年）。この解説をもとに、Aを相対化し、実際にはBの加害者保護をはかり、フクシマ原発事故後は電力債優先論にも道を開いてきた。

　しかし、この解説はすでにみたように原賠法の国会審議と附帯決議、国務大臣（科学技術庁長官、兼原子力委員会委員長）答弁にすら反し、加害者保護へと恣意的に誘導するものだ[2]。しかもなお、これに依拠して、原賠法改定が推進されようとしている[3]。

　なお、欠陥賠償法・電力債優先論は多様な論者によって展開されているかにみえて、実際には、引用がまた引用され、検証されることなく、ぐるぐると回っている[4]。

## 6. 広く社会的議論を

　フクシマ原発事故を経験して、人々の間には原発再稼働への反対が根強く、

被害の完全賠償を求める運動も続いている。数多くの裁判やADR（裁判外紛争解決手続き）が申し立てられている。2015年5月には、オブザーバー参加を含め11団体・2万2,700人に及ぶ原発事故の被害者の全国組織が設立されることになった。全国組織は、国と東電に対し、謝罪、完全賠償、被曝低減、事故の責任追及などを目標としている（毎日新聞2015年5月9日、他）。

　また、これまで政府と原子力事業者の意向を追認するだけだった司法においても、ようやく独立した判断が生まれてきた。2014年5月、福井地裁（樋口英明裁判長）は、関西電力大飯原発3、4号機の訴訟で、原発運転差し止めを命じた。「多数の人の生存そのものに関わる権利と、電気代の高い低いの問題を並べて論じること自体、法的には許されない」「原発の運転停止で多額の貿易赤字が出るとしても、これを国富の流失や喪失というべきではない」「豊かな国土と、そこに国民が根を下ろして生活していることが国富で、これを取り戻せなくなることが国富の喪失となる」。

　さらに、2015年4月、同地裁（同裁判長）は、関西電力高浜原発3、4号機での再稼働差し止めを申し立てた仮処分でも、再稼働を認めない決定をした。「第一陣が貧弱なため、いきなり背水の陣となるような備えのあり方は多重防護の意義から外れている」「（新規制基準の）趣旨は、当該原子力施設の周辺住民の生命、身体に重大な危害を及ぼす等の深刻な災害が万が一にも起こらないようにするため、原発施設の安全性につき十分な審査を行わせることにある」「新規制基準は上記のとおり、緩やかにすぎ、これに適合しても高浜原発の安全性は確保されていない」「住民らが人格権を侵害される具体的危険性すなわち被保全債権の存在が認められる」。

　他方で、「世界で最も厳しい水準」の規制との虚構のもと、あたかも何事もなかったかのごとく、依然として原発最安価、40年から80年に1回と重大事故の確率の引き下げなどが主張されている。それでいて、現実の重大リスクを反映した自らの賠償責任リスクは回避され、国費と電気料金に回されようとしている。九州電力川内原発1、2号機の再稼働差し止め仮処分申請で、2015年4月、鹿児島地裁（前田郁勝裁判長）は住民の申し立てを却下した。

火山噴火対策で「最新の科学的知見に照らしても、不合理な点は認められない」、避難計画は「一応の合理性、実効性を備えている」と九電の主張を追認している。フクシマ原発事故の前に戻った司法判断である。

　原子力発電と核燃料サイクルに対して、いかなる立場に立とうとも、事故をくり返さない、拡大させない、被害を最小限に抑えることは至上命題である。技術的にも商業ベース的にも動かすことができない原発を動かすために、形ばかりの原賠制度が作られた。フクシマ原発事故を経験した今なお、事故に至った原因と「災害対策の一連の行為」である原賠制度の大もとを不問にした加害者保護への改定は、あまりに危うい。それにもかかわらず、どうしたことであろうか、2014年8月、日弁連が意見書を出しているくらいで、法曹関係者からもほとんど声がないままに、改定作業が進められている[5]。

　原賠制度を金銭の問題に矮小化してはならない。被害者保護は当然である。その場合、金を払えばいい、受け取ればいいということではないだろう。原発災害の構造に向き合い対策を検証しない制度改定は、日本列島のどこかに再びフクシマを引き起こす。三たびはないかも知れない。すべてが失われた時、そこには原発もなく、したがって原発事故もまたありえないからだ。

　広く、社会的議論を切望したい。

**注**

1)「原子力事業者の半数が、原発事故の発生時に被災者への賠償をスムーズに進めるための業務マニュアルを作成していない背景には、東京電力福島第1原発事故を受けた国の賠償制度の見直し作業で賠償責任が限定されることを期待する事業者が、作業の行方を見守っている状況がある。しかし、原発事故を経てもなおマニュアルを作成・改定しないまま原発を再稼働させようとする事業者の姿勢を、専門家は「事故が起こらない前提に立っている」と批判している。」(毎日新聞2015年5月11日)「再稼働許されぬ　青山学院大の本間照光教授(保険論)の話──福島の事故の教訓を踏まえたマニュアルの作成や改定すらしていない電力会社に再稼働が許されるはずがない。想定される被害を示し、賠償手続きの流れや体制も事前に定めて、住民のチェックを受けるべきではないか。」(同)

2) 衆議院科学技術振興対策特別委員会

1961年3月16日　松本一郎（科学技術庁政務次官）
「大臣に代わりまして提案理由の説明をさせていただきます。……第一に、この法律の目的は、……損害の賠償に関する基本的制度を定めて、被害者の保護に遺憾なきを期するとともに、原子力事業の健全な発達に寄与しようとするものであります。第二に、原子力事業者の賠償責任につきましては、民法の不法行為責任の特例としてこれを無過失責任とし、かつ、原子力事業者の責任を集中することといたしております。」
1961年4月12日　池田政之輔（国務大臣・科学技術庁長官・原子力委員長）
「……政府の援助は、この法律の目的、すなわち、被害者の保護をはかり、また、原子力事業者の健全な発達に資するために必要な場合には、必ず行うものとする趣旨であります。従って、一人の被害者も泣き寝入りさせることなく、また、原子力事業者の経営を脅かさないというのが、この立法の趣旨でございます。」
1961年4月19日　有沢広巳説明員（原子力委員会委員）
「原子力の発電につきましては、一方においては、発電事業そのものは民間がやり―必ずしも民間がやらなくてもいいのですけれども、民間もやるということになっております。他方、被害者の場合は、それが国家の事業であれ、民間の事業であれ、いずれもそういう原子力発電という事業がそこに興ったがために発生する損害でございます。ですから、この法律の基本目的は、まずもって被害者の保護をはかり、それから、事業者が民間の場合においては、その民間の事業が成り立っていけるように保護をはかる。こういう考えになっておるわけでございまして、ここに「被害者の保護を図り、及び原子力事業の健全な発達に資する」ということを目的にしておるこの順序のとおりお考え願ってけっこうだと思います。」
1961年4月26日　我妻栄参考人（東京大学名誉教授、原子力委員会原子力災害補償専門部会長）
「無過失責任を事業者に負担させて、被害者に損害をこうむらさないように、つまり、泣き寝入りさせないようにしなくちゃならないということでは、部会の委員は全会一致で反対はありませんでした。」「第一段においては、被害者が泣き寝入りにならぬように十分に考えるでありましょうけれども、その次は、原子力事業者がそれでつぶれてしまっては困るから、原子力事業者をつぶれないでやっていけるように、両方を考えながら必要な援助を行うということになるだろうということを言っておるわけですね。」「50億〔損害賠償措置額〕を境にして二段構えにしている点が……被害者側からいえば、それで結局被害者が泣き寝入りになるようなことはないだろう。」「補償金も保険金ももらえないということになって、どうするかというときに、十六条が出てきて必要な援助をするということになるのです」

なお、原賠法第1条の「目的」の二つについて、衆参両議院の全審議を通じて、唯一、原子力事業の発達が被害者保護に優先するという主張が出されている。ほかならぬ原子力産業界からである。しかし、これは、審議の過程で明確に否定されている。
1961年5月10日　大屋敦参考人（日本原子力産業会議副会長）
「原子力産業というものが経理的に破綻を来さぬように、つまり、賠償によって会社の根底が揺るがないように、こういうような意味から、原子力の健全な発達を目途といたしまして、この法律が第一に考えられてると思うのであります。第二に考えられておりますことは、もちろん、これは大衆に対して安心感を与えるということと思うのであります。」
石川次夫委員
「大屋参考人に伺いますけれども、原子力産業会議は、前から熱心にこの法案の通過をはかる立場に立っておられるということは了解をいたしております。……この法案それ自体の目的は、原子力事業の健全な発達というものは従であって、実は被害者の保護ということが主目的にならなければならぬ。このことは、原子力委員の有沢先生も非常に強調しておったわけですが、私どうも、この法案を検討していく過程で、いろいろ審議をすればするほど、何か主目的の方が従になってしまって、原子力事業の健全な発達というものが大きく表面に浮かび出てきているのではないか、このような印象を非常に強く受けているわけであります。」
1961年5月11日　石川次夫委員
「原子力産業をやるためには、どうしてもこういう法案が必要なのだという前提でこの法案の作成を急いだという点がはっきり出ておるように思います。この法案それ自体は、そうではなくて、あくまでも第三者の損害を何とか補償してやるのだ、そういう気持ちが私は主眼になるべきものであるというふうに考えるわけですけれども、どうもそういうことに対しては、その前提条件みたいなものがほとんど満たされないままにこの法案がいきなり出ているという点からみても、損害賠償という点からいいますと、非常に穴が多いし、不十分ではないか、こう私は考えざるを得ないわけでございます。」
1961年5月18日　池田政之輔国務大臣
「大へん専門的なことになってきましたようですから、これは私が間違えて変なことを言うといけませんが、ただ私の考え方としては、先ほど申し上げましたように、この法律それ自体が万全だとは考えておりませんので、今後のいろいろな事態に処して、そういう第三者の損害等につきましても、いわゆる議会答弁といったような無責任な、その場限りの考えでなしに、これは政府としても真剣に取り組んでやっていくべきものでもあるし、やっていかな

ければならぬ、かように考えております。」
井上亮説明員（総理府事務官、科学技術庁原子力局政策課長）
「ただいま最初の御質問に、この法案は第三者保護に重点が置かれていないで、どちらかといえば事業者の方に重点があるのではないかというようなお説があったわけでございますが、実際の立法の趣旨は、そのようには考えておりません。立法の趣旨としましてはまさに、石川先生がおっしゃいましたように、第三者の保護の方に主眼を置いております。ただ、実際に損害を賠償いたしますのは、事故を起こしました事業者が被害者に賠償するわけでございますので、その事業者に資力がなければ被害者の保護に欠くることになるわけでございます。従いまして、この法案では、損害賠償の責任を持つ事業者に対しまして損害賠償措置を講じさせる、しかも、その損害賠償措置も相当巨額な額を想定いたしておりますので、その裏づけとなるような保険制度とか、あるいは保険だけではカバーし切れないような場合に、国家が事業者と補償の契約をいたしまして、被害者に一人も泣き寝入りさせないというような考え方で、事業者と国との補償契約あるいは事業者に対する国の援助というような規定はございますけれども、実は、ほんとうのねらいといたしておりますのは第三者の保護、被害者の保護というのが主眼でございます。従いまして、この法案におきましては、第一条にありますように、まず、被害者の保護をはかるということを第一に述べ、それから「原子力事業の健全な発達に資する」というような表現にいたしているわけでございます。」

衆議院附帯決議
1961年5月18日　山口鶴男委員長
「この際、岡良一君より、原子力損害の賠償に関する法律案について附帯決議を付すべしとの動議が提出せられております。提出者よりその趣旨説明を求めます。岡良一君。」
岡良一委員
「本法案につきまして、三党共同の附帯決議案を提出いたします。まず、附帯決議の案文を朗読いたします。附帯決議　一、本法の目的は、すべての原子力損害に対する被害者の保護を図るにあるから、本法実施に当たっては、政府は左の事項の実現を図り、もって被害者保護に遺憾なきを期し、原子力の研究、開発及びその利用の推進に寄与するよう措置すべきである。…簡単に御説明をいたします。この法案の目的は、すでに委員会においても明らかになりましたように、すべての原子力損害に対する被害者の保護をはかることが根本の目的でございます。しかしながら、本法は基本程度でございまして、これに血を通わし、肉を通わすことは、政府の当然な仕事であり、原子力委員会の責任であろうと存じます。」

池田政之輔国務大臣
「ただいま附帯決議案が可決せられましたが、この附帯決議案に盛られた御趣旨は、いずれもごもっともなことで、特に、これらの問題は、長時間にわたって各委員から御審議を願い、またわれわれに対しても御注意、御勧告等もあり、また、参考人等も多数おいでを願って長時間にわたって御審議を願い、その結果こういうものが出たわけで、われわれといたしましても、十分にこの趣旨を体して御期待に沿わなければならぬと思うし、同時に、また、こういう新しい科学であり、事業でございますので、特にあらゆる角度から十分に留意いたしまして、今後万全の措置を講じたい、かように考えております。」

参議院商工委員会
1961年5月23日　池田政之輔国務大臣
「ただいま議題となりました原子力損害の賠償に関する法律案について、その提出理由及び要旨をご説明申し上げます。……第一に、この法律の目的は、原子炉の運転、核燃料の加工、使用及び再処理等を行うことによって万一原子力による被害を第三者に与えました場合、その損害の賠償に関する基本的制度を定めて、被害者の保護に遺憾なきを期するとともに、原子力事業の健全な発達に寄与しようとするものであります。」
政府委員（杠文吉科学技術庁原子力局長）
「先ず初めに、原子力損害の賠償に関する法律案につきまして補足説明を申し上げます。……まず第一に、目的、第一条でございますが、この法律の目的といたしましては、原子炉の運転等によりまして、万々一原子力損害を生じました場合に、その損害賠償に関する基本的制度を定めておきまして、一人の被害者をも泣き寝入りさせないよう、その保護に遺憾なきを期しますとともに、原子力事業の健全な発達に資しようとするものでございます。……第九には供託でございます。第十二条から第十五条の関係になりますが、損害賠償措置は、大部分は責任保険及び補償契約という形になろうかと存じておりますけれども、これに限りませず、供託等によりましてもいいということにいたしております。供託につきましては、金銭または特定の有価証券に限り、また被害者に優先返済を受ける権利を与えるということなど、被害者保護に十分留意しております。第十には国の措置でございまして、これは第十六条、第十七条関係でございます。五十億円以内の損害につきましては、以上申し上げましたように原子力事業者が講ずる損害賠償措置、すなわち保険並びに補償契約、あるいは供託等によりまして完全にカバーされますけれども万々一これをこえる損害が生じた場合におきましては政府は被害者保護と原子力事業の健全な発達というこの法律の目的を達成するために必要があると認めるときは、原子力事業者に対し、国会の議決によりまして、政府に属させら

れた権限の範囲内において必要な援助を行うことといたしまして、一人の被害者も泣き寝入りすることなく、かつ原子力事業の健全な発達を阻害することのないよう配慮をいたしておる次第でございます。また異常な巨大な天災地変等によりまして原子力損害が生じた場合には、原子力事業者に責任をすべて集中的に負わせるということはあまりにも苛酷でありますので、そのような場合には免責をいたしますけれども、被害者の救助及び被害の拡大防止のため必要な措置は政府が講じまして、住民の不安を除くということにいたしております。」

1961年6月2日　政府委員（杠文吉科学技術庁原子力局長）
「確かにお説のように、なるべく補償体制は単一化するということは当然のことでございますけれども、ただいまのところ、日本におきますところの保険の能力というものが限度がございまして、英国の方へ大部分再保険せざるを得ないというような状況にございますので、そこで英国の保険事業としましては、やはり私企業の体制でございますから、日本における保険会社との結びつきということを考えておりまして、その保険がどうしても英国の保険においても見ませんものにつきましては、やむを得ず、今の国家保険的な補償契約を結び、それによって完全賠償を行おうということでございます。」

吉田法晴委員「法案の制度を、完全なものでないということはお認めになったようですが、この点については池田大臣、担当大臣、これはだれが考えてみても、これで万全だとは言えないのですから、今後の体制、制度の問題については検討をする用意があるかどうかお答えいただきたい。」

参議院附帯決議
「政府は、本法施行に当たり、左の諸点の実現に努力すべきである。一、本法の適用除外になっている原子力事業の従業員災害については立法その他の措置により被害者の保護に万全を期すること。二、賠償措置額をこえた原子力損害に対する国の措置については、被害者を全面的に救済保護できるよう遺憾なきを期し、特に原子力委員会が損害の処理・防止等に関し国会に提出する意見書については、被害総額は勿論災害状況を明細にすると共に、原子力委員会の意志を具体的に表示し、以って国会の審議に資するよう措置すること。」（以上、国立国会図書館「日本法令索引」法令沿革による）

　以上、原賠法第1条「目的」のうち「被害者保護」こそが主目的であり、「原子力事業の健全な発達」が従属していることは明白である。それが審議の過程でもいっそう明確になっていることは、衆議院と参議院の提案理由にもあらわれている。

3）「新たな原子力損害救済制度の考え方」—「今回の東電福島原発事故の経験を

踏まえたうえで、『被害者の保護』とともに『原子力事業の健全な発達に資することす』を目的とした原賠法第1条の原点にもう一度立ち返って、原子力損害の被害救済制度について検討する。」「原子力事業者の無過失・有限責任と国の保障責任」――「原子力事業者に対して無限の責任を負わせ電力事業を破綻に追い込むことは、最終的に損害の保障が得られなくなる被害者にとって酷な結果となる（33頁星野発言参照）だけでなく、電力供給を受ける一般需要者の生活をも大きく圧迫することになるであろう。」「原子力事業者を破綻にまで追いやることは結局のところ被災者の保護にならない」「原子力事業の有限責任を提供する。」（日本経団連・21世紀研究所『新たな原子力損害賠償制度の構築に向けて　報告書』2013年11月、森嶌昭夫・名古屋大学名誉教授／加藤・西田・長谷川法律事務所弁護士〔損害保険料率算出機構理事長2002－2013〕「原子力損害賠償法の提案」）

4）①森田章「（原発賠償支援法案残された課題―上）事業者責任限定を前提に」」『日本経済新聞』経済教室、2011年7月12日。同「原子力損害賠償法上の無限責任」『NBL』956号、2011年5月15日。同「政府の援助の義務と電力会社のガバナンス」『ジュリスト』№1433、2011年11月。
　②久保壽彦「原子力損害賠償制度の課題」『立命館経済学』第60巻第4号、2011年11月。同「原子力発電所事故に伴う損害賠償義務を負担する電力事業者の有り様について」『経済科学通信』№128、2012年4月。
　③遠藤典子『原子力損害賠償制度の研究』2013年、岩波書店。
　④日本経団連・21世紀政策研究所『新たな原子力損害賠償制度の構築に向けて　報告書』、2013年11月。
　①から②へと教示、引用され、さらに③および④へと教示、引用されている。
　③は、2014年12月、大仏次郎賞（朝日新聞社）を受賞した。

5）日本弁護士連合会「「原子力損害の賠償に関する法律」及び「原子力損害の補完的補償に関する条約」に関する意見書」（2014年8月22日）。

## 参考文献

本間照光「原子力保険のパラドックス―核時代と原子力損害賠償制度」『技術と人間』1982年3月号（本間照光『保険の社会学―医療・くらし・原発・戦争』1992年、勁草書房、所収）。

本間照光「原子力損害賠償の責任主体―国策と商業ベース、象徴する製造物・電力債」青山学院大学経済研究所『経済研究』第6号、2014年3月。

本間照光「国家補償へ、危うい改定―加害者保護へ向かう原子力損害賠償」『毎日新聞』2014年11月20日夕刊。

# 10 原発に頼らない電気を自分たちで作る
―福島から全国へ、福島県農民連による
自然エネルギー発電所づくり―

### 豊田　陽介・佐々木　健洋

## 1．福島県農民連のエネルギー自立に向けた取組み

　福島県農民連(以下、「農民連」という)は、福島県内の農家約1,400戸で構成される。農民連自体は任意団体で県内に7つの支部があり、それらは農事組合法人や株式会社の形態をとっている。農政に係るさまざまな運動や農産物の産直サービス、税務申告のサポート、資材の共同購入など、農民の要求を実現していくための事業を展開している。

　それが2011年3月11日に発生した東日本大震災による福島第一原子力発電所の事故によって、その事業内容は大きく変わることになった。この事故によって福島県内でおよそ15万人が家を追われ、農民連の組合員にも大きな影響をおよぼした。事故後、農地からは放射線量が検出されたが現在、福島県内の農産物から検出される放射線量は、そのほとんどで基準値を下回るか、検出限界以下となっている。にもかかわらず福島産の農産物は市場での取引価格は低く、敬遠される傾向にある。農民連は、原発事故の影響を受けて減少した農家所得の補償を求めて、東京電力への損害賠償請求を行っているのである。

　また、事故前の11年2月に国土交通省が発表した「国土の長期展望」の中間とりまとめでは、2050年の人口増減状況は、05年と比較すると6割以上

(66.4％) の自治体で「半分以下」に減少すると予測されている。北海道、東北、九州、四国地域では、過疎化の進行に伴い居住地域のうち約2割が無人化（無居住化）するという。こうした人口減少の原因の一つが、地方での雇用の減少である。さらに原発事故が人口減少を加速させることは容易に予測できる。こうした状況を打開していくための試みが、自然エネルギーによる取組みである。現在、農民連では、農村地域での太陽光発電をはじめとした再生可能エネルギーの普及によるエネルギー自立に向けた取組みを進めている。

## 2．NPOと協働した市民共同発電所の取組み

農民連は、事故後いち早く、原発に頼らないことを決めた。持続可能なエネルギーを模索する中、自然エネルギー事業に取り組むきっかけとなったのが、12年8月のドイツの自然エネルギー先進事例の視察である。ドイツでは、農家が自分の土地を活用して、太陽光発電やバイオマス発

柵の右側が自然エネルギー市民の会の市民共同発電、左が農民連所有の発電所（提供：農民連）

電・熱利用、風力発電などの自然エネルギー事業に取り組んでいる。ドイツでも農産物の国際化や生産過剰による農産物価格の低下など、農家の経営事情は年々厳しくなるばかりだ。また、近年の経営の単一化した構造は変化やリスクに脆い。

このような中で、農家自らが土地にある資源を生かして自然エネルギー事業を行うことは、複合的な経営による収入の増加やリスクの分散化につながるものとして広がりを見せていることを目の当たりにした。こうした取組みを福島でも実現していきたいと考え、自然エネルギー事業を実現していくための検討を始めていたところ、市民や地域を主体にした太陽光発電や風力発電の事業化支援を行っている大阪の「自然エネルギー市民の会」（特定非営

利活動法人自然エネルギー市民共同発電）を知った。その協力を得て最初の発電所となる「福島りょうぜん市民共同発電所」が生まれることになった。

## （1）福島りょうぜん市民共同発電所

　自然エネルギー市民の会は、市民・地域が主体となって太陽光、風力、バイオマス、小水力などの自然エネルギー（再生可能エネルギー）を普及することにより、地球温暖化を防止し、原子力発電に頼らない持続可能な社会を実現することを目指して活動する市民団体である。04年7月の設立以来、市民・地域が主体となった自然エネルギー発電所づくりに取り組み、06年3月には10kWの太陽光発電を東大阪の保育園に設置している。再生可能エネルギー電力の固定価格買取制度（FIT）が12年7月にスタートしてからは、翌年5月には同会もメンバーとして参加する有限責任事業組合（LLP）が主体となり、30kWの太陽光発電を広島市内に設置している。

　福島りょうぜん市民共同発電所は、自然エネルギー市民の会と農民連の協働のもとに作られた太陽光発電所である。自然エネルギー市民の会では前述の通り、これまでにも原子力発電に頼らない持続可能な社会づくりを目指して取り組んでいた。福島第一原子力発電所の事故を受けて、なにか福島のためにできることがないかと考えていた時に農民連からの相談があり福島県内での自然エネルギー市民共同発電所づくりに取り組むことを決断したのである。

　りょうぜん市民共同発電所では、農民連が組合員に土地提供の協力を呼びかけ、それに応えてくれた伊達市霊山（りょうぜん）町の組合員が所有する土地に、自然エネルギー市民の会が全国の市民から出資を募り、50kWの市民共同発電所を建設した。この時、農民連も同じ敷地内に独自に105kWの太陽光発電所を建設した。

　りょうぜん市民共同発電所は、これまでの10kW規模の発電所と比べると総事業費が約2,000万円と大きいことから、自然エネルギー市民の会の会員のみならず全国の市民からの出資を集める必要があった。このような不特定

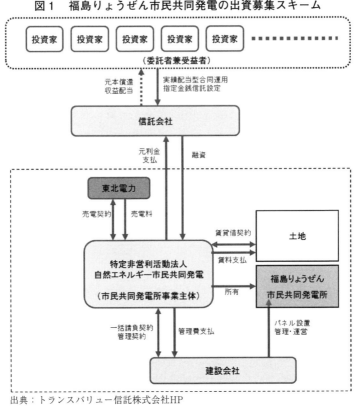

図1　福島りょうぜん市民共同発電の出資募集スキーム

出典：トランスバリュー信託株式会社HP

多数の市民から資金を集める公募行為には、第2種金融商品取引業の資格が必要となるため、同会では、出資募集を行うにあたり、トランスバリュー信託会社㈱を仲介し出資募集を行うこととなった。トランスバリュー信託㈱では太陽光発電事業への直接融資を行うことを目的とした「実績配当型合同運用指定金銭信託」と呼ばれる信託商品を発行している。りょうぜん市民共同発電所では、この仕組みを用いて一口20万円、配当率1.2％、総事業費2,000万円を全国の市民から募集した（図1）。

出資募集にあたっては、トランスバリュー信託㈱と共同で福島（2回）、東京（1回）、大阪（2回）で説明会を開催するとともに、ホームページや

メール、メディアを通じて募集を行った。募集当初は出資者が集まらないのではないかとの心配もあったが、いくつかの新聞記事で取り上げられた効果もあり、最終的には2,000万円を1,000万円以上も上回る出資申し込みがあった。

　りょうぜん市民共同発電所では、売電収入の2％相当を「福島復興基金」として積み立て、地域の活性化に活用していくことを約束している。それが単なる発電事業への出資にとどまらず、福島の復興支援につながる取組みとして評価され、多くの市民の支援を集めることにつながったのだろうと思われる。発電所は、13年9月から発電を開始している。冬場は雪の影響で発電量が伸び悩む時もあるが、全体を通じてみれば順調に発電を続けており、当初の計画発電量を達成することができている。

## （2）福島あたみまち市民共同発電所

　自然エネルギー市民の会では、りょうぜん市民共同発電所に続き福島県内に市民共同発電所を広げようと取り組んでいる。2号機となる「あたみまち市民共同発電所」は、りょうぜん市民共同発電所と同様に、農民連と協働して事業を進め、同じ敷地内に市民共同発電所210kW、農民連の発電所315kWをそれぞれ建設した。

　あたみまち市民共同発電所の事業主体となったのは、自然エネルギー市民の会が母体となり農民連メンバーも参加して設立した合同会社「福島あたみまち市民共同発電」である。資金調達についても、この合同会社が総額7,800万円のうち5,800万円をトランスバリュー信託㈱を通じて全国から募集し、残りの2,000万円は日本政策金融公庫からの融資を受け調達した。14年8月24日から10月31日のおよそ2ヶ月間の出資募集の結果、募集額の目標5,800万円を1,000万円近く上回ることができた。

　あたみまち市民共同発電所は15年2月19日に発電を開始した。4月18日には同発電所で、出資者、自然エネルギー市民の会の会員、農民連のメンバーが参加し、祝う会を行った。北海道、新潟県、福島県、茨城県、千葉県、東京都、大阪府、奈良県、兵庫県、広島県などから出資者が駆けつけ、完成を

祝うとともに参加者による交流と親睦を深めた。りょうぜん、あたみまちの両市民共同発電所づくりを通じて、福島と全国の人々との間には新しいつながりが生まれ広がっている。

## 3．農家が作る地域共同発電所の広がり

### （1）太陽光発電事業

　農民連では、りょうぜん市民共同発電所を皮切りに、現在、数百kWクラスの太陽光発電所づくりに取り組んでいる。FIT開始以降、福島県内では民間企業による大規模なメガソーラーの建設が進んでいるが、そこまでの規模のものは資金の面で難しく、また土地を確保することも難しい。一方、ミドルクラス（数十～数百kW）の太陽光発電所であれば、農家が所有している土地が利用可能で農民連では組合員農家に呼びかけ、雑種地であったり、使用しやすいような山林等の土地を探して太陽光発電所の建設を進めている。15年10月までに、福島県内各地にミドルクラスの太陽光発電所が合計で5MWが完成する見通しだ。これらの太陽光発電所の建設にあたっては、県内の農民連各支部が発電事業を行う会社法人を設立し、資金については地方銀行や日本政策金融公庫からの融資や国の補助事業を活用し進めている。こうしたミドルクラスの太陽光発電事業に加えて、各農家の屋根にも太陽光発電を設置する取組みを進めている。市民共同発電所やソーラーパネルの設置に

福島あたみまち市民共同発電所の完成を祝う会のみなさん　（提供：農民連）

より、所有している土地や自宅などに活用している組合員農家も出てきている。

### （２）バイオマス熱事業

　農民連が、今後、取り組んでいこうとしていることにバイオマスエネルギー活用がある。今、全国的に進められようとしているのは間伐材を燃やして電気を作る木質バイオマス発電で、ほとんどが5,000kW以上の非常に大規模な発電所である。こうした発電所の多くは周辺地域の森林からの材だけでは賄いきれず、県内はもとより国外から安価な材を原料として輸入している状況にある。また、本来ならばまずは木材製品として活用し、製材端材や建材・資材利用できない部分を燃料用に利用するべきものが、大規模木質バイオマス発電の拡大に伴い燃料用チップの需要が拡大し引取価格も上昇しているために、一部建材用の木材までが燃料用に流れる歪な状況を作り出している。

　さらに、これらの発電所は熱の需要地から離れたところに建設されるために発電の際に生じる熱を殆ど活用できず、エネルギー利用効率が低くなっていることも課題である。木質バイオマスを活用していくためには、森林の利活用を進めるための基盤となる林道整備や高性能林業機械の導入などを進めるとともに計画的、持続可能な森林管理を行っていくことが必要だと考えている。また、発電だけでなく熱利用についても活用を進めていく必要がある。農民連では、薪を燃料とする小型のボイラーの導入に取り組んでおり、農民連の事務所や組合員の家庭などに導入を進めている。

　今後は農家のハウス栽培に導入する

あだたら産直センター事務所に導入された韓国製薪ボイラー　（筆者撮影）

ことを検討している。また、これから各組合員の家庭では建て替えやリフォームが進んでいく。そういった機会に合わせて、小型の木質ボイラーや蓄熱型の薪ストーブ、太陽熱温水器などの自然エネルギー熱利用の仕組みや、住宅の断熱化や省エネ機器導入などの省エネについて提案していきたいと考えている。

## おわりに

　このように農産物だけでなくエネルギーも自ら生産する取組みが、福島県内では徐々に進んできている。原発事故による農産物の価格低下が続くなか、少しでも農家収入を増やす取組みとして全国的にも大きな注目を集めている。りょうぜん市民共同発電所の完成以降、農民連には自然エネルギー発電事業に関する問い合わせや、全国からの視察者が増加している。その一方で、農家による自然エネルギー事業に注目は集まっていても福島以外の農民連にまで広がっていないという課題もある。エネルギーに対する問題意識・危機意識の違いもあり、福島における農民連のように一定のリスクを負ってまで新たな事業を始めることはできないのだろう。

　農家による自然エネルギーの取組みを進めていくためには、JAなどが知識、技術、資金をサポートする役割を担っていくことも必要となるだろう。特に買取価格が引き下げられた太陽光発電事業においては、資金調達や土地利用手続きなどの面で、何らかの支援を受けることができるかどうかが事業の成否を分けることも十分に有り得る。また、電気だけでなく熱利用も含めてエネルギーの地産地消を実現していくためには、バイオマス利用を進めていく必要があり、そのためには森林組合との連携が重要になってくる。

　福島第一原子力発電所の事故は、大きな問題で決して許せることではない。しかしながら、原発やエネルギーの問題を通じて気付かされたこともあった。二本松市の平均的家庭の年間エネルギー消費量が約30万円とすると、2万世帯ある二本松市全体では年間60億円にもなる。二本松市の農業の粗生産額が92億円であることからも、相当な金額が地域外に流出していることになる。

⑩　原発に頼らない電気を自分たちで作る（豊田　陽介・佐々木　健洋）　　121

この地域外に流出するお金を地域に循環させることができれば、人口流出に歯止めをかけ、地域で雇用を生み出していく事ができるようになるはずだ。自然エネルギーは地域由来の資源であり、それを地域の市民や農民、企業が活用していくことこそが重要であり、私達が実践していかなければならないことである。

**参考文献**
福島県農民連ホームページ　http://www.f-nou.com/
和田武・豊田陽介・田浦健朗・伊東真吾『市民・地域共同発電所のつくり方』かもがわ出版、2014年。
佐々木健洋「だれからも奪わない暮らし　百姓発電支援事業」『エネルギーの世界を変える。22人の仕事』学芸出版、2015年。

# 11 避難女性農業者による「小さな復興」の取組み
―福島県飯舘村を事例に―

岩崎 由美子

## はじめに

　3・11東日本大震災及び東京電力福島第一原発事故の発生から4年半が経過した。本年（2015年）は復興事業完了の目標年度であるが、被災地の現実を見ると復興最終段階という状態からはほど遠く、避難者の生活再建は遅々として進んでいない。福島県では今なお11万人余りが避難を余儀なくされており、避難の長期化による被災者の心身の疲弊は、いわゆる「震災関連死」の増加に如実に表れている[1]。原発災害に特有の被害の継続性とその長期化、暮らしの全面的破壊、被害の不確実性（予測困難性）が、福島の避難者の眼前に巨大な壁として立ちはだかっている。

　被災地で策定される復興計画は、本来は被災住民の思いに寄り添い、一人ひとりの自己決定を尊重した生活再建を支援する内容であるはずだが、実際は、政治的判断を先行させたトップダウンにより作られているものが多い。その内容は、除染とインフラ整備を基軸とした「大文字の復興[2]」事業が中心であり、科学技術を駆使したメガソーラーや野菜工場といった被災当事者不在のハード事業が巨額の復興予算をもとに進められているのが現状である。

　他方、4年半という時間の経過のなかで、避難者が自発的に村内外の人びととネットワークを形成し、未来につなぐ希望を見出そうと取り組む「小文字の復興」の動きもまた活発化している。本稿では、原発事故により全村避

難を余儀なくされた福島県飯舘村の復興計画を概観した上で、同村の女性農業者たちによる「小文字の復興」(以下、「小さな復興」とする) の取組みに焦点を当て、これらの活動の意義について検討する。

## 1．飯舘村の地域づくりと復興計画の概要

　阿武隈山系北部の丘陵地帯に位置する飯舘村は、80年代から住民参加によるむらづくりを熱心に進めてきた。地域に伝わる方言「までい」(じっくりと、心を込めて、ていねいに) をキーワードとした「飯舘村第5次総合振興計画―までいライフいいたて」(04年策定。以下「5次総」とする) は、地域独自の伝統や風土を活かして、都会の借り物ではない新たな暮らしの価値観(「までいライフ」) を再構築し、またそれを土台とした「までいブランド」による地域活性化を目指そうとするものであった。

　こうしたきわめて先進的な総合計画づくりの原動力となったのは、80年代から始まる「人づくり」施策と、そのプロセスのなかから誕生した個性豊かな女性農業者たちである。農家の嫁世代の女性たちをヨーロッパ海外研修にいち早く派遣した「若妻の翼」(89年) や、「第4次総合振興計画」(94年策定。以下「4次総」とする) における地区別計画の導入 (各地区の策定委員数は原則として男女同数とし、女性の意向をできるだけ反映させる計画づくりが目指された) といった施策を通して、地域づくりにその優れた力量を発揮する女性たちが数多く輩出した。

　とくに「5次総」策定とほぼ同時期に進められていた近隣市町との合併構想から飯舘村が離脱したのを契機として、「自立」したむらづくりに少しでも貢献しようと、農産加工所や農家レストラン、農家民宿等の農村女性起業活動が続々と生まれた (表1)。過疎と高齢化、市町村合併という大波のなかで、女性たちは、食品加工、直売所経営、グリーンツーリズムなど農山村の価値の発掘を通して、地域を担う力強い存在に変貌していく途上にあった。原発事故は、こうした活動を支える山里の恵みを奪い、地域で培った食と農への信頼を断ち切った。

表1　5次総の展開と農村女性起業（00年代）

| 年 | 村行政（太字は本文中の農村女性起業の動き） |
|---|---|
| 02 | 第5次総合振興計画策定委員会を設置<br>「市町村合併を考える村民集会」でディベート開催<br>市町村合併を考える地区懇談会開催<br>**前田・八和木地区の女性グループ「夢見る老止の会」が発足** |
| 03 | 市町村合併リレーシンポジウム<br>合併に関する住民投票（「反対」が53％） |
| 04 | 第五次総合振興計画「までいライフいいたて」策定<br>村長選で「自立」を掲げる菅野典雄氏が3選<br>法定合併協議会から離脱 |
| 05 | 県内初のどぶろく特区に認定<br>過疎地域自立活性化優良事例全国表彰<br>自立計画「いいたて立村50年　新たな出発プラン」<br>**佐々木千栄子さん、農家レストラン「気まぐれ茶屋」をオープン**<br>**「イータテベイクじゃがいも研究会」発足**<br>**飯舘村森林組合女性部「山ゆり会」発足**<br>**小林美恵子さん、「老止みち　遊つるみえこ」をオープン** |
| 06 | **村上日苗さん、農家レストラン「なないろの空」をオープン**<br>**佐野ハツノさん、農家民宿「までい民宿どうげ」オープン** |
| 07 | 新しい産直施設「もりの駅　まごころ」がオープン<br>**渡邊とみ子さん、農産加工所「までい工房美彩恋人」をオープン** |
| 08 | 菅野典雄村長が4選 |
| 09 | 5次総中間評価・見直し事業の中間報告会 |

注：境野健兒・千葉悦子・松野光伸編著『小さな自治体の大きな挑戦　飯舘村における地域づくり』（八朔社、2011年）および塩谷・岩崎『食と農でつなぐ　福島から』（岩波新書、2014年）を元に筆者作成。

　大震災後の飯舘村の復興計画をみると、11年6月に村長名で「までいな希望プラン」が発表された後、同年12月には、「いいたてまでいな復興計画（第1版）」が策定された。続いて、第2版（12年8月）、第3版（13年6月）、第4版（14年6月）を経て[3]、15年3月には、「飯舘までいな復興計画（第5版）」が答申された。「第5版」の特徴のみをここで挙げると、まず第一に、これまでの復興計画策定では村民の声を十分に生かすことができなかったという反省にたち、計画策定のための議論の場として村民参加による村民部会が設置された点である。総勢24名の村民委員が、「教育部会」「暮らし部会」「健康・福祉・高齢者部会」「農地保全・営農再開部会」の4つの部会に分かれ、担当課職員、大学研究者とともに議論を重ねた。

　第二としては、「帰還する人」も「しない人」も「当面出来ない人」も、それぞれが互いに助け合って、各自の生活再建を進めていく「ネットワーク型の新しいむらづくり」という基本方針を打ち出した点である。原発事故後

策定された政策・制度は、人々の生活に苛烈な分断状況を引き起こした。家族、親族、近隣の人々が空間的な分離を強制されただけでなく、国の避難指示等と連動した指針や賠償基準は区域間の賠償格差をもたらし、今後の帰村をめぐっても不完全な情報のもとで「帰る／帰らない」の選択が強要され、その過程で生じた様々な対立は、人間関係の分断や地域コミュニティの解体につながっていった。復興計画「第5版」の検討過程では、「帰る／帰らない」という二者択一の選択肢がこれ以上の分断、亀裂を生まぬよう、「『溜（た）め』のある計画にしたい」という声があがった。

15年6月、政府は福島第一原発事故に伴う福島の復興指針を改定し、避難指示を16年度末までに解除する方針を示したが、避難指示が解除になっても、村民それぞれの事情から帰村は容易ではなく、たとえ村に戻ったとしても、村民の生活や働き方は被災前と大きく変わらざるを得ない。「第5版」では、村民一人ひとりがそれぞれの場所で自分の生活を回復することに主眼を置き、そのためには外部の支援者の手も借りながら、村民同士で互いに助け合っていくこと、とくに弱い立場の人や困っている人たちを村民が支える仕組みをつくること、そして、村民それぞれの立場からできる範囲でむらの再生に関わること、その際被災後に村民が避難先で築いた活動の基盤を、これからのむらづくりの新たな強みとして活かしていくことの必要性がうたわれた。

こうした基本方針を受け、飯舘村深谷地区に建設予定の「復興拠点」（メガソーラー、道の駅等を内容とする）は、単に外部資本参入のハード事業と位置づけるのではなく、運営に村民ができるだけ関わり、高齢者への生活支援サービスや地域内外への情報発信等を村民自身が主体となって取り組む拠点として積極的に位置づけられることになった。

「帰る／帰らない」の二者択一を乗り越え、二地域居住や夏山冬里方式のような多様な暮らし方の選択肢をひろげるとともに、村民自身による主体的な助け合いの仕組みを作ろうとする今回の提案は、村民間の分断を乗り越え、誰もが参加できる「新しいむらづくり」を希求する村民部会員の思いを土台にしたものである。これらの提案が出てきた背景には、被災から4年半が経

過する過程で村民が取り組んできた「小さな復興」の蓄積があった[4]。住民参加による放射線測定や除染の実証実験、避難先での営農や農産加工の再開、避難者と支援者のネットワークづくりといった村民主体の「小さな復興」の成果が、この「第5版」では今後のむらの再生に積極的に活かされたのである。村民部会で提起された被災者自身の声に基づき、住民主導でよりしなやかな回復（レジリエンス）を目指す「小文字の復興」の重要性を改めて位置づけ直したものと高く評価できよう。

以下では、こうした「小さな復興」の事例として、飯舘村の女性農業者4名を取り上げ、震災前の地域での生業と暮らしを振り返ることで原発事故が何を破壊したのかを明らかにしながら、震災後の取組みを彼女たち自身の言葉により紹介していく。

## 2．女性農業者による「小さな復興」の取組み

### (1) 仮設住宅高齢者の生きる支えをつくる
　　（佐野ハツノさん）

前田・八和木地区のタバコ専業農家であり、飯舘村農業委員会の元会長だった佐野ハツノさん（66歳）は、長男に経営移譲した06年に、村内では第一号となる農家民宿「までい民宿どうげ」の経営を開始した。「若妻の翼」の第一期生で、その後は農業委員として長く活躍していたハツノさんは、「消費者に向けて農業の実際や農村生活の良さを自ら発信することの大切さ」を痛感していた。「それがないと農業者自身の誇りがなくなり、農業意欲が減退してしまう。たんに経済追求のみでは農村の抱えている課題解決は困難」なことに気づいていた彼女は、「までい」という言葉に示される飯舘村のなかにある価値観を都市に向けて発信したいという思いで、民宿経営に踏み出した。経営初年度の宿泊客数は100人にも満たなかったが、リピーター客を中心に次第に増え始め、10年には200人にまで増加した。経営開始から5年目となる11年、「そろそろ本腰を入れてやろう」と考えていたところで、原発事故

に見舞われた。

　長男一家は栃木県に避難し、ハツノさんは、夫の幸正さん、義理のお母さんとともに松川第一仮設住宅に移ったが、村の依頼で仮設住宅の管理人を務めることになった。管理人として彼女が目の当たりにしたのは、慣れない避難生活のストレスに苦しむ高齢者の姿であった。この仮設住宅は、115世帯のうち約４割が70歳以上の独居高齢者だった。原発事故の後、世帯分離と家族離散にみまわれ、それまで大家族に囲まれて過ごしていた高齢者が突如一人暮らしを余儀なくされ、ふるさとや農業の生きがいを奪われ心身のバランスを崩す人が続出した。ハツノさんは、こうした高齢者たちを何とか元気づけられないかと考えたという。

　「もう死にたいと泣きじゃくっているおばあさんがいました。このおばあさんをなんとか部屋から出して、飯舘で元気に活動していたころのおばあさんに戻したいと思いました」。その人は、自分の使っていた着物をほどいて、モンペ式のズボンにリフォームして着ていた。「それがあまりにも素敵だったので、『みんなに教えてちょうだい』と言って」始めたのが、和装リフォーム「までい着」づくりだった。「いいたてカーネーションの会」という名のグループを立ち上げ、全国から寄せられた着物のリフォームや布草履、小物制作をスタート。支援者の力を借りて、首都圏のデパートや海外での販売会などの販売のルートを作り上げた。最初の販売会の時に参加した高齢者は、１人あたり８〜10万円の売り上げを手にしたという。「おばあさんたちは、自分名義のお金を生れてはじめてもらったのがあまりにも嬉しくて、お孫さんや娘さんにあげたり嫁さんにあげたりと、自分のものは一つも買わなかった。その満足した顔が私には嬉しくて」とハツノさんはいう。

　活動を続けていく中では、さまざまな苦労もあった。若い世代と高齢者との意思疎通がうまくいかず、小さな諍いが起こることもあった。しかし、そのたびに、佐野さんは皆に声をかけ、仲間づくりに心を砕いた。「結局私は人と話をするのが好きで、そして、喜ばれることが好きだったの。民宿をやっていたときも、『これもあげっから、これもあげっから』と、野菜なんか

あげたりすると、その人がお土産片手にまた来てくれたりするのね。『カーネーションの会』も、その延長線で、じゃあこの人に喜んでもらうにはどうしたらいいかなって考えて、気持ちよく参加してもらえるように工夫しました」。13年9月、ハツノさんは体調を崩し、ドクターストップがかかり管理人を辞めたが、「カーネーションの会」は引き続きメンバーが主体的に活動を続けている。

今後の帰村についてハツノさんは、次のように語る。「もし村に戻れるようになったら私は戻ろうと思います。何年か何十年か過ぎたときに、1人が2人、2人が3人、そして10人、100人って増えていって、だんだんに飯舘に戻れるようになったとき、荒れ放題ではなくて、なんとか守っている人がいれば、戻れるじゃないですか。そのときのために、自分の人生は惜しみたくないなあと考えています。村民の人たちそれぞれが持ち合い持ち合いで頑張って支えていけば、なんとか村は残るかなあって。私はそこで、『カーネーションの会』も残していきたいなと思っています」。

## (2) どぶろくづくりの再開と借り上げ住宅避難者の交流の場づくり
　　　（佐々木千栄子さん）

05年、飯舘村では小泉政権の下で導入された構造改革特区制度を活用して、いわゆる「どぶろく特区」を申請し、福島県内で初めて認定を受けた。その中核を担っていたのが、佐須地区の農家佐々木千栄子さん（69歳）が経営していた「気まぐれ茶屋」だ。
千栄子さん自慢のどぶろくのほか、凍みもち、じゅうねん（エゴマ）など山の幸をふんだんに使った料理は多くの来訪者をひきつけ、飯舘村の活性化に大きく貢献していた。

彼女が起業を考えたきっかけは市町村合併問題であった。合併に当初から反対だった千栄子さんは、村が04年に合併協議会からの正式離脱を表明して自立の道を選んだとき、「村が合併せずに自立してやっていくのなら、自分

も自立しなければ」と思い、還暦を間近に迎えての起業を決意した。そして以前から得意だった農産加工技術を生かしたいと葉たばこ倉庫を改装し、飲食業営業許可を取得した。

「その日にならないと何が出てくるか分からない」お店ということで、「気まぐれ茶屋」という名前をつけた。名物の凍みもちのほか、春は山菜、夏は野菜、秋はキノコと、山の恵みにこだわった。川魚料理を出そうと、2,000匹近くのコイとフナも飼っていた。次第に客足が伸びてきたことから10年の暮れには囲炉裏のある個室を増築したが、「何日も使わないうちに」3・11に遭遇。震災後、茶屋にしばらくぶりに帰ったら、池の水は干上がり、土手が崩れて魚は一匹もいなかった。「寒々とした気持ちになって涙が止まらなかった」。

千栄子さんは、現在、息子とともに福島市飯野町の借り上げ住宅に暮らしている。生きがいだった店も田んぼもなくなり、12年秋には夫が亡くなったこともあって気落ちした千栄子さんを心配し、息子が「どぶろくの仕込み方を教えてくれ」と言い出した。そこで「税務署に相談に行ったら『飯舘村におろした特区だから福島市ではダメだ』と言われたので、『好きで村を出てきたわけではない』と言い返したのよ。内閣府にかけあって、3ヶ月かけてようやく認めてもらった」。避難先にあった土蔵を借りて300万円をかけて改修し、福島市内の農家からコシヒカリを仕入れて仕込んでいる。たくさん作っても売れ残ってしまうため、飯舘村にいたときの半分程度の生産量だ。店を再開したい気持ちもあるが、「体力も落ち、先も見えない状態でこれ以上の投資はできない」という。

今、千栄子さんが力を入れているのは、借り上げ住宅の避難者が集まるサロンの運営である。支援の手が比較的行き届きやすい仮設住宅に比べ、借り上げ住宅の住民は地域からも孤立しがちだ。「お茶飲み会を開いて凍みもちをごちそうしたら、皆『懐かしい味だ』ってすごく喜んでくれた」。

今後の帰村については、「答えはまだ出せない」。しかし、もし村に戻るとしたら、同世代の住民たちが一つ屋根の下で暮らす共同住宅を始めたいと考

えている。各自の個室を作ってプライバシーを守りながらも、食事は皆で一緒にとれるようなシェアハウスの構想だ。「帰村するのが高齢者ばかりになるのなら、一人ひとりが孤独にならずに済むよう、わいわい騒いで暮らせる場所を作りたい。それが私の次の夢です」。

### （3）特産品加工で阿武隈の食をつなぐ「かーちゃんの力・プロジェクト」（渡邊とみ子さん）

前田・八和木地区の渡邊とみ子さん（61歳）は、震災前、05年6月に発足した「イータテベイクじゃがいも研究会」の会長として、元飯舘分校校長の菅野元一さんが開発した新品種のジャガイモ「イータテベイク」とカボチャ「いいたて雪っ娘」の栽培に取り組んでいた。07年4月には、自家の元牛舎を農  産加工所（「までい工房　美彩恋人」）に改築して、健康志向の女性をターゲットに、添加物を使わないカボチャクッキー、プリン等の菓子類の製造・販売を開始した。

とみ子さんが地域づくりに関わるきっかけは、「4次総」の地区別計画策定委員への就任である（93年）。地区の女性有志とともに自主グループ「夢見る老止（おとめ）の会」を結成し（02年）、ハーブ教室やグリーン・ツーリズム研修などを実施。その後も、「5次総」の策定委員や、市町村合併問題を検討する村民企画会議メンバーとしてディベートに参加し、飯舘村の自立に向けた地域づくりに関わっていくことになる。

震災・原発事故の時は、ちょうど「までい工房」設立5周年記念イベントの準備をしていた。全村避難で自分の大切な場所だった「までい工房」を再開できないという現実は、しばらく「自分の中でまったく消化することができなかった」。そんなとき、福島大学の教員と出会い、11年10月、阿武隈地域の女性農業者と福島大学との協働による「かーちゃんの力・プロジェクト」（以下、「かープロ」とする）をスタートすることになった。

とみ子さんが、知り合いの女性農業者の避難先を一軒一軒訪問して参加意向を尋ねたところ、「もう、もらうだけの支援ではなくて動き出すための支援が欲しい」、「一人じゃどうにもならないけれど、つながれば動き出せる」等の前向きな声があり、農産加工所を福島市内に確保し、漬け物加工や菓子、健康弁当の製造、阿武隈地域の伝統食の継承等の事業に取り組んできた。3年間続いた「地域雇用再生・創出モデル事業」からの補助金の終了に伴って、運営体制の見直しや事業の重点化など経営上の課題は数多いが、全国に広がる300人を超えるサポーター、加工品の定期購入者、福島では採ることができない山菜などの食材を送ってくれるグループや個人、その他さまざまな形で支援してくれる人々の豊かなネットワークは今もまだ広がり続けている。

「かープロ」発足時に大きな課題となったのは、消費者に提供する食の「安全・安心」をどう確保するか、という点である。これまでの活動においても「身体にいいもの、安全・安心な食べ物を消費者に提供したい」というこだわりをもっていたメンバーから、「加害者になりたくない」という声が上がった。そこで、チェルノブイリ支援を行ってきたNPOのアドバイスを参考に、提供する食品の原材料や農産加工品は全て放射性物質測定検査を実施し検査結果を消費者に公開すること、また、チェルノブイリ原発事故のあったウクライナの食品基準値を参考にして独自基準（20Bq/kg）を設定し、クリアした商品のみにロゴシールを貼付することを決めた。小学生の子どもをもつ設立メンバーの一人は、その時の議論の様子を「作り手と食べ手の気持ちが一致した」と表現している[5]。

福島市内で行った「かープロ」のイベントで、子ども連れの若い母親から「このお店のように、きちんと測定してあるものは安心して子どもに食べさせることができる」と感謝された時、とみ子さんは「震災後、助けてもらってばかりだったけど、こうして人の助けに少しでもなった。やってよかったね」と語っている。これまでは「支援される側」とされてきた避難者が、食の安全・安心へのこだわりという自らの信念に基づき力を発揮することで、「支援する側」になったのである。こうした被災当事者による被災者支援の

取組みは、被災者と地域社会・他地域の住民との新たなつながりを育み、地域性と人間性に根差した復興へとまた一歩近づいていくであろう。

　とみ子さんは、時々飯舘村の自宅に帰るたびに、「人が住まなくなるっていうのは、本当に大変なこと」と思う。「までい工房」はネズミの巣になってしまい、丹精込めた庭もイノシシに荒らされてしまった。「食に関わる仕事を続ける以上、飯舘村に戻って暮らすっていうことは、私はできない」。ただ、遠くなってしまった飯舘の人たちとも、村の特産カボチャ「いいたて雪っ娘」を通してずっとつながっていきたいと思っている。「飯舘村を発信したい」という気持ちはどこにいても全く変わっていない。「飯舘村は私の中にどっぷりある。飯舘村じゃなかったら、今の私はないと思う」からだ。

## （4）野菜支援と県外避難者のつながりづくり（村上日苗さん）

　前田地区で農家レストラン「なな色の空」を経営していた村上日苗さん（42歳）は、静岡県浜松市の出身である。福島県田村市の農家の後継者だった村上真平さんと03年に結婚、飯舘村に移住。およそ5haの土地に自然農園や石窯、バンガローを作り、06年4月、

「美杉の台所Kirin」の仲間と（右から2人目）

マクロビオティック（玄米を主食、野菜や漬物・乾物を副食とし、食材や調理法のバランスを考えた食事法）のレストラン「なな色の空」をオープンした。無農薬有機栽培の雑穀米・野菜を中心としたメニューは人気が高く、また農業体験や料理教室、石窯パン・ピザ焼き体験、途上国の工芸品を置くフェアトレードショップ、農家民宿にも積極的に取り組んでいた。

　大地震があった日の深夜、福島第一原発1号機の炉心が2度目の露出をしたことを知ったとき、村上さん夫婦は避難を決めた。「真っ暗の中で荷物をまとめ、子どもを連れて逃げたあの日のことはくっきりと頭に残っている。しばらくは笑うことができなかった」。

現在、村上さん夫妻は三重県津市の美杉地区に居をかまえ、しばらく耕作されていなかった農地を借りて農業を再開している。震災直後から継続して行っているのは、福島への野菜支援だ。11年5月、南相馬市の知り合いの農家と連絡をとったところ、物流が回復せず「野菜がまったく手に入らない」状況だと知った。そこで、福島に野菜を送ろうと「野菜サポーター募金」を立ち上げた。真平さんの講演会場でチラシを配って一口500円の支援を呼びかけたところ、100万円近くの募金が集まり、それを原資に、南相馬や飯舘の農家グループや「かープロ」（130頁以下を参照）に地元の野菜を送る活動を行っている。

　また、日苗さんは、福島から三重に避難してきた人々の心のよりどころになればという思いから、育児サークルの仲間とともに「おしゃべりサロン」を運営している。福島に残った人々への支援に比べ、県外避難の人たちに対する支援は少ない。「福島を出ると情報が全く入ってこない。自主避難の人はなおさら。孤独で話し相手もいない人たちがたくさんいます」。14年夏に、福島の子どもと親を対象にした保養キャンプ「自然食と自然農　美杉の里山体験」を実施した時は、地元の人々もボランティアとして参加してくれた。「このあたりには空き家がたくさんある。保養キャンプを通じて、移住を考えているお母さんたちと地元をつなぐ手助けができれば」という。

　日苗さんには二つの夢がある。一つは、共同加工所の建設だ。育児サークルを通じて知り合った地元の仲間と加工所をたちあげ、避難女性も含めた働く場をつくりたい。「働く場があったら、避難してきても、仲間もいて、農業もできて、加工でちょっとお金にもなっていいんじゃないかな」という。もう一つの夢は、お弁当の宅配事業である。「ここも一人暮らしのお年寄りがいっぱいいるんですよ。無農薬の野菜で穀物菜食のお弁当をつくって届けてあげたら、きっと喜ばれそう」。いずれも、「かープロ」がヒントになっている。これらの夢の実現に向けて、昨年、美杉町で暮らす5名の女性とともに加工グループ「美杉の台所Kirin」を結成し、直売所での販売やわら細工ワークショップなどに取り組み始めている。

日苗さんが飯舘村で加工所やレストランをオープンしたのは、手仕事の大切さを発信したいという思いからだった。「買ってきたものを食べるんじゃなくて、梅干を漬けるとか、そういう過程のなかに意味があるんだと思うんです」。飯舘の「までいな暮らし」にこそ、生き方の答えがあると思っていた。だから「飯舘村が大好きだった」。

　「私はもう飯舘村には帰れないと思っているんです。子どもも小さいし、しばらくはこっちでお世話になろうと思っている」。しかし、飯舘に対する思いは強い。「飯舘村で私たちはずいぶんお世話になったのに、さよならも言わないで出てきてしまった。飯舘とつながっていられるから、こっちで生きられるという感じがあって、飯舘村の人たちに野菜を食べてもらえるだけですごい励みになるし、野菜をがんばってこっちで作ろうという気になる。野菜支援は自分自身のためでもあるんです」。

## まとめにかえて

　本稿では、飯舘村の女性農業者たちによる「小さな復興」の取組みを紹介してきた。プレハブ仮設住宅で暮らす高齢者の生きがいの創出や、借り上げ住宅避難者への交流の場の提供、県外避難者のネットワークづくりと保養キャンプによる子ども支援、阿武隈地域の食の伝承、そして生産者・消費者の信頼関係の回復に向けた取組みなど、一人ひとりが行っている活動の内容は様々だ。避難住民のニーズ、とくに、独居高齢者や県外避難者など弱い立場に置かれた住民のニーズを生活者の視点から拾い上げ、彼女たち自身のもつネットワークを駆使しながら固有の特技や能力を発揮することで、避難者をはじめ地域の人びとの生と暮らしに不可欠な活動が生み出されている。彼女たちの将来の帰村意向はそれぞれ異なるが、ふるさとへの強い思いをバックボーンとしてこれらの活動が行われている点は共通している。こうした「小文字の復興」を「までい」に積み上げていくことは、行政主導による「大文字の復興」と避難住民の思いとの間のギャップを埋め、より内発的な復興のあり方を共に議論する「公論形成の場[6)]」へと展開する可能性もあるだろう。

重要なのは、彼女たちのこうした活動が、震災前の農村女性起業活動と連続性を有している点である。農村女性起業の多くは、単に付加価値の増大による市場性、経済性の追求のみを目的としているのではなく、仲間や支援者、消費者との支え合いを通して自らの存在意義や生きがいを実感できるような働き方を目指してきた。市場性、経済性、効率性を追求する「6次化」が声高に叫ばれる一方で、利潤原理最優先へのオルタナティブとしての農村女性起業の意義を、被災地での実践を通して改めて確認したい。

　本稿で紹介した女性農業者の声からも明らかなように、原発災害は、それぞれの地域で長い歴史をかけ営々と築き上げられてきた自然と人、人と人との関係性を根底から破壊し、「ふるさとの喪失」という衝撃的な事態を招いたが、いま、被災地では、ただ諦めて黙り込むのではなく、あるいは楽観論に身を沈めて思考停止するのではなく、被災した当事者自身が厳しい現実を見つめ、周囲の自然や身近な人たち、外部の支援者との確かな関係の中から知恵を出し合って困難を乗り越えていこうとする「小さな自治」の営みが生まれている。加工所や直売所、仮設住宅の集会所のようなミクロな場所からの生の回復に向けた実践だ。避難者と地域住民、支援者とのネットワークによる新たなコミュニティが、あたかも地下茎のように縦横無尽に広がろうとしている。女性農業者たちは、それらネットワークの結び目に立ち、被災地住民の存在や人格をとりもどす活動を支えている。多様な他者との間に承認と支援の関係を築きながら取り組まれる「協同的な自立」は、避難者・被災者のみならず、被災地から遠く離れた人びとにとっても意義あるものであろう。

　このたびの大震災と原発事故が露わにしたものの一つは、食とエネルギーの大消費地である都市と、供給地である地方との歪んだ関係そのものだった。東北地方は、日本の近代化＝産業化の過程において、労働力、食料、エネルギーの供給地帯であり、若い働き手は都市に流出し、農山漁村は過疎化の一途をたどった。その苦境につけ込むように立地された原子力発電所が大事故を起こして、最も深刻な被害を受けたのは、電力を享受してきた大企業や都

市住民ではなく、農山漁村の人びとだった。こうした農山漁村の問題は地方だけの問題ではなく、日本社会全体に関わる問題である。被災地をはじめとした地方の再生を構想するためには、農山漁村に生きる人びとと都市住民との間の確かな共感・信頼関係の上に立つ都市－農村関係の構築こそが3・11を経験した今、切実に求められている。

**注**

1) 福島県では、避難生活の長期化による体調悪化等が原因の震災関連死が、地震や津波の直接死（1,612人）を上回って増え続けている（15年3月現在1,884人）。岩手県と宮城県の震災関連死は1割未満であるのに比べ、福島県は突出して高く、まさに「原発事故関連死」といえる。
2) 「大文字の復興」「小文字の復興」の概念については、宮本匠「津波後は旅の者に満たされる―大文字の復興と小文字の復興」を参照（α SYNODOS（電子マガジン）、2012年8月2日投稿）。
3) 飯舘村の復興計画策定の経緯については以下を参照されたい。千葉悦子・松野光伸『飯舘村は負けない―土と人の未来のために』岩波新書、2012年、守友裕一「原発災害からの再生をめざす村民と村―飯舘村」守友他編著『福島 農からの日本再生』、農文協、2014年。
4) 村民が主体となった地域再生の取組み事例については、千葉・松野前掲書、守友前掲書のほか、塩谷弘康・岩崎由美子『農と食でつなぐ 福島から』岩波新書、2014年を参照。
5) 塩谷・岩崎前掲書、p.14。
6) 原子力市民委員会『原発ゼロ社会への道―市民がつくる脱原子力政策大綱』2014年、p.219。

# 12 福島県における協同組合間協同
―地産地消ふくしまネットの歩み―

阿高　あや

## はじめに

　1966年に第23回ICAウィーン大会が開催されてから、2015年で50年を迎える。1937年の第15回ICA40周年パリ大会や95年第31回ICA100周年記念マンチェスター大会に比較すると知名度が低いかもしれないが、この大会では第6原則として協同組合間協同が採択される節目の大会となった。2013年末現在、ICA加盟組織は94カ国271団体となり、傘下組合員数は10億人を超えるといわれる。世界中の協同組合の共通言語ともいえるICA原則は、①開かれた組合員制、②民主的管理、③経済的参加、④自治と自立、⑤教育・研修・広報、⑥協同組合間協同、⑦地域社会（コミュニティ）への関与の7つの原則から成る。①、②、③は義務的・内部的原則であるのに対し、④、⑤、⑥、⑦は付随的・外部的要素と分類される。

　本稿では、第6原則の協同組合間協同を中心に原発災害下での暮らしと仕事について被災県である福島県を事例に紹介したい。福島県では、農・林・漁・生協を包み込む各中央会・連合会が大学と連携し、震災復興の中で、第1次産業をとりまとめる役割を果たしてきた。前半では福島県の地理的・歴史的背景から協同組織の興りと運動を遡り、後半ではJA福島中央会、福島県漁連、福島県森連、福島県生協連の4つの連合会と福島大学協同組合ネットワーク研究所からなる『地産地消ふくしまネット』を取り上げ、同会の歩みと、そ

れを支えた大学の役割についても焦点を当てる。

## 1．福島県の概況

　福島県は北海道、岩手県に次いで全国第３位の面積を有する。風土ごとに、会津地方（越後山脈と奥羽山脈に挟まれた日本海側気候）、中通り（奥羽山脈と阿武隈高地に挟まれた内陸性気候）、浜通り（阿武隈高地と太平洋に挟まれた海洋性気候）の３つの地域に分けられる（**図１**）。

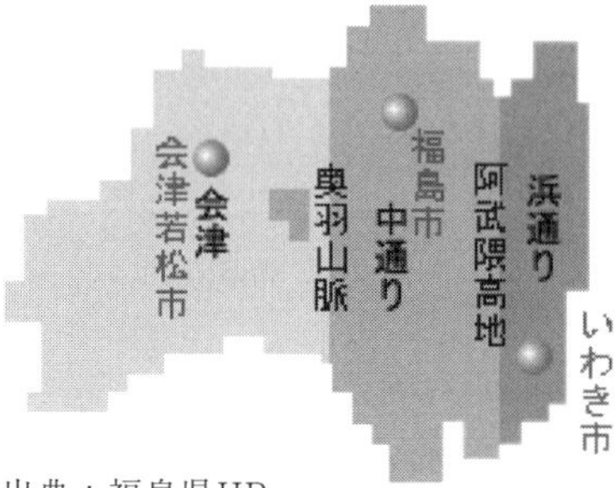

図１　福島県の３地域区分

出典：福島県HP

　海・山・盆地を有する福島県は、その豊かな自然資源により、農林水産物等1,000品目以上の生産が可能であった。会津のコシヒカリ、須賀川の夏秋キュウリ、2014年に日本農業賞大賞を受賞した南会津の南郷トマト、伊達の献上桃「あかつき」やあんぽ柿、養蚕が衰退し桑畑を転用した福島の萱場梨「幸水」、童謡「まきばの朝」の舞台になった岩瀬牧場の酪農、トルコギキョウの出荷が復興の道標となっている（旧）山木屋村、昭和村の苧麻（ちょま）を用いたからむし織、「常磐（じょうばん）物」と呼ばれ築地で高値取引されていた相馬の鮮魚、蒲鉾やウニの貝焼きなどいわきの水産加工品、飯舘村の「いいたて牛」、郡山の麓山高原豚、会津坂下のさくら肉、北塩原村の山塩、猪苗代の蕎麦、磐梯の酒米「山田錦」、繊細で上品な香りの葉タバコ「松川葉」発祥の古殿と、枚挙に暇が無い。

　少量でも多品目であることから食卓をオール福島の地産地消で用意することが可能であり、これが福島県の人々にとっては豊かさの象徴であり、誇りであった。しかし、極端な寒暖差や起伏に富んだ地形などが米や果物などの食味をあげることに貢献するものの、豪雪、冷害、猛暑が住民に困難をしばしばもたらした。

## 2．福島県における協同運動の興り

　山間地のように不利な条件下においても、人々は協同のシステムを編み出すことによって逆境を乗り越えた。ここでは、協同運動の歴史を地域ごとに辿ることで、災害に直面した際の抵抗力の源流と地域ごとの協同の精神の特色を探りたい。

### (1) 浜通り―二宮尊徳の高弟による「報徳思想」の広がり

　相馬市では、二宮尊徳の娘婿で高弟の相馬中村藩士・富田高慶が『報徳論』を記し、1845年から廃藩置県まで「相馬仕法」により為政した。震災からちょうど1年が過ぎた2012年3月11日には、尊徳翁の故郷・小田原市の間伐材を内装材に使用しNPO法人はらがま朝市クラブが運営する「復光第一号水産加工工場」および直売所兼レストラン「相馬報徳庵」が完成し、小田原の農水産物をリヤカーで販売し仮設住宅での買い物支援を行った。

　尊徳翁の遺した「報徳思想」は、時代を越え「相馬仕法」として住民の心の支えとなった。

### (2) 中通り―「農協発祥の地」、福島消費組合の設立

　福島大学と「放射能からきれいな小国を取り戻す会」によって、日本初の汚染マップ作りで知られることとなった伊達市霊山小国地区（被災当時の特定避難勧奨地点含む）は1898年、篤志家・佐藤忠望によって「無限責任上小国信用組合」が設立された。旧霊山村上小国は交通の便が悪く日用品の物価も高く、農民の生活は東北地方でも特に困窮していた。加えて稲作には不利な地形のため農家は困窮を極めた。忠望が信用組合を設立したのは、それに高利貸が付け入るのを見かねてのことであった。1993年に建てられた『農業協同組合発祥の地碑』の碑文には、「零細農家が力を寄せ合って、平穏な経済生活をする為には、産業組合が必要且つ適切な組織であることに着目、これを実現した先生の悲願は、極めて勝れたものであり、敬服の至りである。」

と刻まれている。産業組合法公布の2年前にこの組合が設立したことは同法成立の引き金になったとして語り継がれ、現在でもJA伊達みらいの組合員・職員の誇りとなっている。

　大豆の会、福島応援隊、陰膳調査など原子力災害下で様々な活動を展開したコープふくしまの前身である「福島消費組合」も、福島県の協同組合史を語る上での重要組織である。昭和初期の信達（しんたつ）地方（旧「信天郡」と旧「伊達郡」）では、農家が多額の借金に行詰まり、往来には路頭に迷う失業者と人買いが横行していた。そんな中、現在の福島大学経済経営学類の前身である福島高等商業学校（福島高商）の学生らが興したのが「SCM運動」である。SCMとは、Student・Christian・Movementの頭文字である。福島高商の学び徒たちは、賀川豊彦の「神の国運動論」に基づき、「不況と凶作で多くの人々が苦しんでいるときに、クリスチャンが教会でお祈りをしているだけでは世の中を変えることはできない。社会に出て、愛を実行する運動を行わなければならない」と研究を進めていく中で、関東で家庭購買組合、江東消費組合が、関西では神戸消費組合、灘購買組合の誕生を知り、1932年、賀川の門弟である関誠一や福島高商の教授らと共に設立したのが「福島消費組合」であった。

　また、県下に大学の農学部が無い福島県の農業を支えたのが、福島県立修錬農場（1935年設立）を起源とする、福島県立農業短期大学校であった。この農業短期大学校には、全国的にも珍しい「協同組合学科」が存在した。同学科では日本協同組合学会の設立に貢献した西山泰男氏が教鞭を取り、同氏の元からは、数多くの協同組合人が巣立っていった。

（3）会津地方―「自由民権運動発祥の地」と賀川豊彦「乳と蜜の流るゝ郷」

　江戸時代の喜多方（当時は北方と表記）では、近江聖人と呼ばれた中江藤樹の教えにもとづく「藤樹学」（別名「心学」）が発展した。心学は実生活に役立つことに重きをおく学問であった。一方、徳川幕府の封建社会においては、君臣関係の規正、身分差別を重視する「朱子学」が教学の基礎とされ、

他の学問は異学として禁止されていた。そのため、会津藩は実生活に役立つことに重きをおいた心学に対し、「心学（会津藤樹学）の学びを相止め侯」と禁令を出すほどであった。しかし、寛政改革後は、会津藩校・日新館が藤樹学を採用するなど、藩士教育にも影響を及ぼした。

また1882年には、会津三方道路の開さく強行による強制夫役に農民が反抗した「喜多方事件」が勃発。以後、喜多方には『自由民権運動発祥之地碑』が建てられ、住民に語り継がれることとなった。地産地消ふくしまネット創設者の一人である熊谷純一氏（前福島県生協連顧問）や、震災後の様々な協同組合間協同を支えた吉川毅一氏（現福島県生協連会長）らは「喜多方生協（現・コープあいづ）」の出身である。同生協は、「官に頼らず自主自立を基本理念」としており、この理念には「藤樹学」や「自由民権運動」の思想が色濃く反映されている。

1994年から『家の光』で連載された賀川豊彦著『乳と蜜の流る、郷』の舞台となったのは、喜多方から三里の地の大塩村（現・北塩原村）である。小説の主人公である会津を出た田中東助は、信州上田や東京の下町を回って協同組合づくりを学んだ末に故郷に戻り、村の再生のためには協同組合が不可欠なこと、地域の資源を活用した立体農業的な取組みが重要であるという確信のもと、仲間づくりを始めた。協同組合の指導者たちは、朝礼や学習会など折に触れ先人の取組みを語り継ぐ等、精神的支えや協同組合人としての不文律となっている。

## 3．協同組合協議会の設置

前節では、福島県内の協同組合の風土的背景を歴史的に辿った。本節では、震災後の協同組合のリーダーたちが設立した2つの異業種協同組合協議会を紹介する。

### （1）環境保全ネットワークふくしま

ICA原則の第7原則「コミュニティへの関与」が追加された1995年、福島

県ではJA福島中央会、県漁連、県森連、県生協連の4協同組合連合会による初の協同組合間協同協議会「環境保全ネットワークふくしま」が産声を上げた。発案当時、長島俊一氏（前・JA福島中央会常務）は「環境運動に励む生協の活動に触発された」と語っている。地球環境の保全と創造を進めるためJA福島中央会に事務局を設置し、県内4ブロックで「地域会議」を、また年に1度「環境フォーラム」が開催された。

### (2) ふくしま大豆の会

ふくしま大豆の会は、98年に福島県内の生協組合員が遺伝子組換え大豆の販売を懸念したことに端を発し、JAグループ福島、内池醸造㈱、㈲コープフーズ、コープふくしま、コープあいづ、県南生協、パルシステム福島、農民連らが連携し、「生産者の顔の見える安全な福島県産大豆を振興すること」を目的に、JA福島中央会に事務局が設置された。意外と知られていないが、1世帯当たりの納豆購入額（年間）は福島市が5,519円で全国1位である（2014年総務省「家計調査年報」）。

「非関税障壁」になるとしてTPPの争点ともなった大豆の遺伝子組換え表示であるが、大豆の会は、視察・交流・収穫・脱穀などを通した産消提携を基軸とし、日本にフードマイレージが紹介される以前から、生産・加工・流通のすべてを域内にこだわって進めてきた。設立当時は50トンだった取扱数量も、2014年現在では222トンにまで増加している。

## 4．地産地消ふくしまネット

95年「環境保全ネットワークふくしま」、1998年「大豆の会」と事業連携の段階を経て、「地産地消ふくしまネット」は、2008年に常設任意団体となる。設立時から初期段階までをまとめる。

### (1) 背景

地産地消ふくしまネットが産声をあげる前年の2007年、日本では食の安全

を脅かすショッキングな事件が起こった。日本生協連史上最大の事件ともいえる「中国製餃子中毒事件」である。福島県内でも、生協店舗で販売された中国・天洋食品製の餃子の皮から有機リン系農薬成分ジクロルボスが検出された。大豆の会のような取組みを進めてきた地域において、フードセキュリティの余波は大きかった。また、食の安全を脅かす問題の他にも、原油価格の高騰等、地方の苦しい家計をさらに逼迫させる問題が山積していた。

（2）設立

2008年7月の国際協同組合デーに、JA福島中央会、福島県漁連、福島県森連、福島県生協連が集結し、身土不二、フードマイレージを核とした地産地消および食農教育について宣言を発表。同月29日に、地産地消ふくしまネットが設立された（図2）。設立趣意書には「…重大中毒事件の背景すなわち日本の農業・食糧事情やグローバル化し寡占化が進む流通業、その中で

図2　地元大学も参加した地産地消ふくしまネット

の競争対策、福祉後退、可処分所得減の中で暮らし大変の組合員ニーズの変化、社会に公開され、社会的な責任を果たし、社会からの検証に耐えうる事業体へという社会からの要請、フードマイレージやフェアトレードなど環境や近隣諸国との共生等の問題、またそれらとどんな関係があるのかなども、今回の事件の真相解明が進み、正確で緻密な分析の後に本格的に考え、取り組む必要があると考えます。」と、自戒の意も込め記されている。

（3）「創る」「守る」「繋ぐ」3つのプロジェクト

地産地消ふくしまネットは設立当初から①創る「飼料用米プロジェクト」、

②守る「食と産地といのちを守る運動促進」、③繋ぐ「絆塾・絆シンポ」、の3本柱を掲げ展開された。ここでは、③繋ぐ「絆塾・絆シンポ」が独創的な取組みなので紹介したい。地産地消ふくしまネットは、設立当初から教育・広報活動に重きをおいた。震災後、にわかに叫ばれるようになった「絆」という言葉であるが、地産地消ふくしまネットでは、震災以前より協同組合間協同の証として用いてきた。

「絆塾」では、県内の農林漁生協の中堅職員を集め、白石正彦氏（元日本協同組合学会長）を始めとする協同組合論の講師を招き、学習会を重ねた。そして、「浜・農・森」3つのプロジェクトチームが立ち上がり、商品開発や協同組合祭などが企画された。その結果、常磐物の魚と、県産きのこ、県内産野菜という完全地産地消の『絆鍋』の試作品が披露された。もちろん販売は生協で行う計画であったが、その後に起きた福島第一原子力発電所の事故によって、残念ながら店頭で陽の目を見ることは無かった。しかし、卒塾生は、各協同組合の役職員として、震災直後から現在まで大きな役目を果たした。

また、地域漁業復興協議会では福島県漁連が相馬双葉漁協と、いわき市漁協などそれぞれの考え方を調整し、生協連が中通りのコープふくしま、あいづ、いわきパルシステムの考え方を代表し、同じテーブルについている。この点からも協同組合連合会機能の重要性は明らかと言えるだろう。

## 5．福島大学の存在

地産地消ふくしまネットが他県の同様の組織と異なるのは、地元の福島大学としっかり結びついている点であろう。大学教員には「教育・研究・社会（地域）貢献」の3つの責務があると言われている。「社会（地域）貢献」は協同組合第7原則とも共通する部分があり、日々の事業に追われる協同組合職員にとって、地元大学の存在は協同組合の共益・公益性を学問的に裏付ける貴重な示唆を与える存在である。筆者の所感に過ぎないが、かつて福島大学には大学付近に家を建て、子どもは近くの公立校に通わせ、祭りや早苗饗(さなぶり)

など地域行事に参加し市町村の委員を引き受けた。地元の飲食店をこよなく愛し、子どもが独立し自ら退官後も自治会活動など務め、最期も福島で迎える教員が多くいた。大学教員にとっても、居住地域の協同組合の存在は、食の安全や子育て環境の向上という点から互助の関係であったといえよう。

## （1）協同組合ネットワーク研究所

　地産地消ふくしまネット設立の翌年である2009年、福島大学には4学類を横断して「協同組合ネットワーク研究所」が設立された。設立を記念して「絆シンポジウム─絆で創る‼ふくしまSTYLE～地消地産と協同組合の役割～」が地産地消ふくしまネットと共同開催され、基調講演に会津若松市出身の太田原高昭氏（北海道大学名誉教授）が招かれた。「絆シンポジウム」は絆塾を後継した地産地消ふくしまネットを象徴する行事として、以後、TPPや放射能汚染や農協改革など、数々の問題に直面する度に協同組合陣営が結集する場となった。

## （2）うつくしまふくしま未来支援センター（FURE）

　2011年、未曾有の原子力災害の現状把握を第一に、国内の災害復興関連の若手研究者を中心に地域貢献に特化した全学組織「福島大学うつくしまふくしま未来支援センター（以下、略称FURE）」を設立した。農地の除染、吸収抑制対策、農地土壌成分マップの作成など放射能汚染対策の一翼を担ったのは「ベラルーシ視察団」に参加した若手研究者である。彼らは帰国後に、生協とJAが実施した土壌スクリーニング・プロジェクトなど重要な役割を果たした。資金面では国の予算が少ないため、一部分ではあるが地産地消ふくしまネットを介し県内JAや生協連研究委託という形で資金援助がなされた。

## （3）大学院「ふくしま未来食・農教育プログラム」

　2013年には福島大学大学院経済学研究科地域産業復興プログラム「ふくし

ま未来食・農教育プログラム」が夜間を主に開講され、JAや自治体の農政担当職員等が組織の推薦を受け各自研究を進めている。同プログラムは年間15回の市民向け公開講座も内包しており、多数の関係者らが自らの興味にあわせて講義を受けている。

### （4）農学分野の新設

　2015年には「福島大学農学系人材養成機能調査室」および「福島大学農学系人材養成機能のあり方に関する協議会・検討会」が設けられ、委員にはJA福島中央会の役職員が任命された。協同組合ネットワーク研究所、FURE、大学院と、それぞれの役割別に変遷してきた大学組織が、「教育・研究・社会貢献」の三位一体となった農学系教育機関の設立へと、努力が結実しかけている。

## 6．協同組合間協同による「ふくしまSTYLE」の復興

### （1）2012国際協同組合年

　2011年は、国際協同組合年を翌年に控え全国でIYC実行委員会が発足した。地産地消ふくしまネットを中心に、既にTPP反対やフードマイレージ運動など様々な取組みを進めてきた福島県では、清水修司氏（福島大学名誉教授）を実行委員長に2012IYC福島県実行委員会を結成する予定であった。しかし、結成の矢先に東日本大震災と東京電力福島第一原子力発電所事故が起こった。

　地震・津波・放射能という三重苦を負った福島県であったが、2012IYCに向け復旧・復興に向けた事業を展開しながらも、運動の歩みを止めることはせず、「絆で復興！ふくしまSTYLE」というスローガンの下、オール福島・オール協同組合での復興を誓った。そして、IYC実行委員長の清水氏の呼びかけによって、ベラルーシ視察団が結成され、福島大学の教員をはじめとしJA、県森連、県生協連、被災自治体、マスコミとともにチェルノブイリ原発事故後の復旧の手技を福島に持ち帰り、土壌スクリーニング・プロジェクトや、子ども保養プロジェクトなどを開始した。これらは、震災以前から異

業種の協同組合が連携してきた成果といえる。後のJJCの発表によれば、2012国際協同組合年福島県実行委員会は「農林水産業復興大会」、「復興祭『絆で復興ALLふくしま』」をはじめ、全国最多である8つの記念事業を実施した。

### （2）絆で復興！ふくしまSTYLE!!

　福島県内では、震災後、連合会・単位協同組合の別を問わず、異業種による協同組合間連携事業が以前より増加した。例えば、旧JAしらかわ（現・JA夢みなみ）×旧JAそうま（現・JAふくしま未来）による大豆の会の圃場転換（設備貸与）、コープふくしま×JAグループ福島による福島応援隊（桃・りんご・柿・加工品販売）、JA福島中央会×福島県生協連による福島県農畜産物安全安心確保対策事業、福島県漁連×福島県生協連による地域漁業復興協議会（試験操業）、コープふくしま×相双漁協による浜の母ちゃん料理教室、相馬地方森林組合×相双漁協による流木処理事業（休業漁師雇用）、県北地方森林組合×福島県生協連による子ども保養プロジェクト森づくり冒険あそび場（森林での子ども保養）などが挙げられ、そのほとんどの事業に福島大学の組織・研究者が関わっている。

　また、県内在住の研究者だけでは行き届かない分野に関しては、農業経済で地元・福島大学の小山良太氏（福島大学教授）の縁で、漁協は濱田武士氏（北海学園大学准教授）が、森林組合は早尻正宏氏（北海学園大学准教授）と各分野のオピニオンを得られる体制が整った。JAでは土壌や農産物の自主測定・低減対策の普及に、生協では放射能の学習会や陰膳調査に力を発揮した。

### （3）ポストIYCの後継組織として

　14年度には「2012国際協同組合年福島県実行委員会」の発展的解消に伴い、地産地消ふくしまネットが後継組織として指名され、総会議案の冒頭で「ポストIYCとしての活動継続」が強く謳われた。具体的には①IYC記念全国協議会の活動への積極的参加、②国際協同組合デー記念フォーラムの開催、③

「絆で復興！ふくしまSTYLE」シンポジウムの開催、④協同組合を支援する団体への入会促進が明記されている。15年現在、かつてIYC福島県実行委員会に加盟していた44団体中、過半数以上の23団体が地産地消ふくしまネットの会員組織となっている。

農業関係ではJAグループのほかNOSAI、土地連、牛乳協会、酪農協、たばこ耕作組合、畜産振興協会、県農業会議等が、森林関係では県森連のほか木連、緑化協会が、生協関係では県生協連のほか労金や全労災が加盟した。その他にも中小企業団体中央会、連合福島、JCI（青年会議所）ブロック協議会、郡山市民食糧問題懇話会などが支援団体として加盟している。

## おわりにかえて──共益と公益をむすぶ「協同組合間協同」

原発災害という過酷な状況の中で、それでも福島で生活と生業をとり戻そうという人々が困難を乗り越えていく際、地元に根を張った協同組合が果たした役割は極めて大きい。単位組合同士の産直提携、連合会同士の協議会、その両方の要素を組み合わせているところに、地産地消ふくしまネットという協同組合間協同モデルの大きな特徴がある。同・異業種の単協段階の事業を介した連携と、連合会段階の協議会による連帯、いずれの協同にも福島における特徴的な広がりがあり、それが公益的な側面を帯びてきている。

15年7月の第93回国際協同組合デーは『協同組合を選ぼう、平等を選ぼう』を各国共通スローガンに、30日に都内で開催された記念中央集会では、宮本太郎氏（中央大学教授）が協同組合の「共益性」と「公益性」について論じた。その中で、「協同組合は今、組合員のみが利益を享受する共益組織から、地域社会への利益を追求する公益組織への転換期を迎えている」と示唆し、「協同組合はアイデンティティのもと、各組合のみならず労働組合や社会福祉法人など非営利セクターで連携を強化し政府・自治体と対話・批判・改善すべき」とまとめた。農林漁生協のみならず、労働団体や他の市民セクターらが会員として加わった地産地消ふくしまネットの新体制は、「協同組合の公益性」をあらわす好例といえるであろう。

福島県でも、14日に日本協同組合学会副会長・北川太一氏（福井県立大学教授）を招き「協同組合の本質と今日において求められる役割について〜一人ひとりを大切にする社会の実現のために〜」と題しフォーラムが開催された。同氏は、より良い社会を築くため「真摯な『共益』は公益に通じる。協同組合は人々を縦横に紡ぐ糸に」と強調し、参加した地産地消ふくしまネットの会員に抱負を述べた。

　今、日本の協同組合は、自らのアイデンティティの再考を余儀なくされている。協同組合は、地域経済・住民のニーズを満たす共助による地縁組織を基盤としており、そこには既に公益性が潜在化されていると言える。それをいかに時代に適応した形で顕在化させるかが問われているのである。

　本稿では原子力災害という特異な事例に焦点をあてたが、自治体や民間企業、単位協同組合や同種連合会は単独ではカバーし尽くせない問題に対し、公益性の観点から社会的連帯経済セクター等と協同・補完することが、今後ますます必要となってくるだろう。

**参考文献**
日本協同組合学会訳編『21世紀の協同組合原則』日本経済評論社、2000年。
生活協同組合福島消費組合『だれでもできることをみんなで―生協福島消費組合　　50年のあゆみ―』1982年。
生活協同組合コープあいづ『五十年史』2009年。
濱田武士・小山良太・早尻正宏『福島に農林漁業をとり戻す』みすず書房、2015年。

# 13

# 風評被害の構造と5年目の対策

関谷　直也

## はじめに

　歴史的に、風評被害とは、もともと原子力分野において、放射性物質による汚染がない状況で食品・土地が忌避されることとして問題となってきた。過去に「風評被害」とされた事例をまとめると、風評被害とは、ある社会問題（事件・事故・環境汚染・災害・不況）が報道されることによって、本来「安全」とされるもの（食品・商品・土地・企業）を人々が危険視し、消費、観光、取引をやめることなどによって引き起こされる経済的被害を指す（関谷直也『風評被害―そのメカニズムを考える』光文社、2011年）。

　市場に流通している福島県産農産物については検査が徹底して行われている。東京電力福島第一原子力発電所事故から4年半が経過し、セシウム134（Cs134）の半減期2年を過ぎ、カリウム散布などの吸収抑制策や農地の測定、除染などの成果もあり、時間の経過に伴い食品に含まれる放射性物質の数値は下がってきた。

　14年の検査結果をみると米や野菜から基準値を超えて放射性物質が検出されることはなくなった。また、検出限界値を超えて放射性物質が検出されることもほぼなくなってきた。多くの検査の段階では時間とコストを考えて検出限界値を、それぞれ25Bq/kg、12Bq/kg、10Bq/kgを導入しているが、管理された圃場で生産された農産物は、これを超えて流通しているものはほとんどない。

福島原発事故から数年かけて生産者・流通業者・消費者の間で、結果的に合意した許容量、デファクトスタンダードとしての事実上の安全基準は、検査機器の設定した検出限界では放射性物質は検出されなかったという意味の「N. D.（検出限界値以下）」となっている。現段階の風評被害で問題となっているのは、流通している食品がほぼN. D. の状態で発生する経済被害のことである。

そして消費者庁、福島県庁など様々な組織で放射線に関するリスク・コミュニケーション、福島県農産物のブランド化やPRが行われている。これに加え、消費者の放射性物質汚染への関心の低下や不安感の低下などを踏まえれば、風評被害は低減・払拭されてもよいように考えられるが、福島県産の農産物の生産・販売状況をみると、依然として販売不振が続き、厳しい局面におかれている品目も存在する。すなわち、風評被害を単に消費者の不安感や購買意欲の問題と考えた従前の対策では風評被害は解決しないことは明らかである。

では、現在の風評被害の原因は何で、風評対策のポイントは何だろうか。本論では消費者意識、流通の現状について考え、風評対策のポイントを挙げ、今後、必要な風評被害対策について提案する。

## 1．風評被害と消費者意識

震災から5年目となり人々の心理はどういう状況か。アンケート調査のデータを元に分析していきたい（詳細は、『郡山市における地域課題調査研究調査報告書』超学際的研究機構、2015年）。ここで使うデータは、筆者が中心となって実施した2つの調査である（関谷・廣井、2014；超学際的研究機構、2015）。

13年5月の調査結果と15年1月の調査結果を比べると、福島県産の購入状況については福島県産を拒否する人の割合は減ってきている。また福島県内で、その変化は大きい（図1、福島県民28.0％→18.0％、福島県民以外28.1％→23.3％）。震災から5年目を迎え、消費者の意識も変化してきているこ

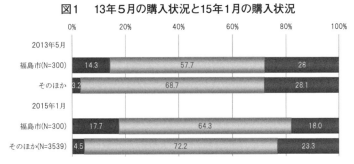

図1 13年5月の購入状況と15年1月の購入状況

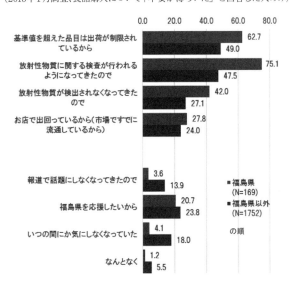

図2 不安が薄らいだ理由
（2015年1月調査、食品購入について「不安が薄らいだ」と回答した人のみ）

とがわかる。

　また、放射性物質に関して不安が薄らいだ理由としては、福島県内では「基準値を超えた品目は出荷が制限されているから」「放射性物質に関する検査がおこなわれるようになってきたので」「放射性物質が検出されなくなってきているので」という検査体制の充実による検査への信頼感が生まれてきたことが大きな理由である（**図2**）。

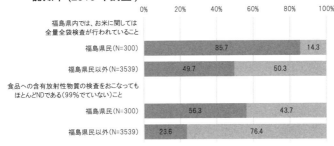

図3 「全量全袋検査」「食品の検査をおこなってもほぼND であること」認知率(2015 年調査)

実際に、検査体制および検査結果の認知率については県内と県外で大きく異なる（図3）。すなわち福島県内で消費が進んでいる主たる理由としては、スクリーニング、検査実施、検査結果として放射性物質が検出される農産物がほとんどないことなどについて事実の周知が県内で進んだことが大きいことは明らかであり、これが人々の不安払拭の大きなポイントである（詳細の分析に関しては関谷、2014を参照）。よって検査体制、検査結果の周知、認知率を上げていくことが重要であると考えられる。

## 2．風評被害と「流通」

また、風評被害対策として、今一つ重要な問題が「流通」対策である。現在、日本および先進国の多くの国においては流通の発達の結果、農産物に限らず、必ずといってよいほど「代替物」がある。全国の市場が相互依存しており、代替品を全国に求めることが可能である。代替可能である商品・サービスは必ずしもその商品、その土地の商品である必要性がなく、風評被害が発生しやすいのである。順を追って考えていこう。

### （1）「風評」の集団的増幅―市場関係者の過剰反応

市場関係者や流通業者は何か事故や環境汚染などの問題が起きたとき、「『人々が安全か危険かの判断がつかない状態では問題となっている食品・商

品は忌避する』に違いない、だから売れなくなるだろう。だから値を下げよう。取引は遠慮しよう」と考えるのである。

　一般的にいえば、ある事件・事故・環境汚染・災害に関して、あまり報道がされていない場合には、報道の影響を受ける人は多くない。だが、その問題についての関係者（農業関係者、市場関係者や流通業者など）は関心があるし、周りに話題にする人も多い。報道量が少なく、一般市民がその問題についてあまり知らない段階でも、市場関係者や流通業者は、その少ない情報にも強く関心を持っている。よって報道量が少ない段階でも「市場」は過剰に反応するのである。

　流通の用語で「ブルウィップ効果」というものがある。ブルウィップとは遊牧民が家畜を導くときに使うムチのことである。ムチは、手の少しの動きが手元から離れたところでは大きくなって伝わる。ここから転じて、流通において、売り場から離れ、サプライチェーンの上流にいけばいくほど長期の需要を予測する必要があるので市場の変化に過剰に反応し、結果として需要の変動が増幅されてしまうことを指している。食品・商品の安全性が問題となってしまうような場合、少しでも問題があれば、流通の上流部では過剰な反応が行われるのである。

　クレームを言う人は、少数にすぎない。だが、少数のクレームであっても担当者の労力は大きいし、担当者にとっては、そのクレームを言う人の陰に多数の「同様の意見を持つ人」を見てしまう。情報の受け手は、クレーム、ヘイトスピーチ、"disる"（否定する）発言をする人の「全体に占める割合」ではなく「量」に注目し、多く見積もってしまいやすい。しかし、それは見かけ上の問題にすぎず、多くの場合、それは少数の意見なのである。

　たとえば、学校給食について福島県産というだけでクレームをつける親、修学旅行などで行先などにクレームをつける親はごく一部である。だが、教員や学校関係者は、それに対応せざるを得ない。結果的に給食や修学旅行など組織で対応するような活動については、一部の人の発言力が大きくなってしまい、その解決も容易ではない。農産物の販売など復興支援のイベントも、

多くの人が支持しているにもかかわらず、一部の人々へのクレームに行政や関係者が過剰反応しているのである。

## （２）「風評」の自己成就―負のスパイラル

　そして、これらが常態化すると、クレームをいう人が出てこなかったとしても組織の運営者（学校関係者）、経営者（流通業者）、企画者（旅行代理店）が、それら一部の人の声を先回りして対応をはじめる。こうなると、消費者から特に声があがらなかったとしても、報道だけで農作物の消費や観光がストップしていくことになるのである。先に述べたように、大勢の人々（約８割の人）は「福島県産」を拒否していない。しかしながら小売での拒否、消費者からのクレームなど震災後の混乱を経験した市場関係者、流通業者は、現在でもこの記憶が残っている。

　一部の消費者がクレームをつけてきたり、問い合わせをしてきたりした場合には店舗で説明をしなければならないが、その説明が大変なのであえて先回りして、それらを置かない。ゆえに結果として、特に仲卸から小売りの段階で、また量販店などが販売に消極的なままとなるのである。給食も新たなクレームを恐れ、県外における積極的な福島県産の導入、福島県内での地産地消の推進に消極的である。

　これらは、お中元・お歳暮など友人・知人への贈り物、嗜好品など、自分自身のための消費よりも他者のための消費において顕著に表れる。それは、たとえば果物など典型的なギフト・贈答品としての購入形態などである。購入する贈答者自身が大丈夫だと思っていても、ギフト・贈答品を受け取る人がどう思うかはわからない。またその受け取る人の家族がどう思うかはわからない。ゆえに、購入する贈答者やそのラインナップを考える小売店は敬遠する傾向が強くみられる。

　これらは代替可能性のある商品、サービスに必ずつきまとう問題である。こうして流通業者（仲介業者）と消費者の負のスパイラルが成立していくのである。

## （3）「風評」の事実化

　流通業者の中には、個人としては福島県産を「安全」だ、と考えている人も多い。だが、消費者は無理に福島県産を買う理由はない。よって小売りで拒否されるかもしれない、売れないかもしれないという段階では、なかなか流通は元には戻らない。その中で生産者、組合、流通業者、量販店など農作物の販売に関わる人々の間でいくつか「神話」が生まれてきている。

　多くの場合、この種の「神話」は事実とは異なるものの流通業者の思い込み、震災後に積み重なった流通関係者のコミュニケーションの結果が、「神話化」され（「うわさ」レベルの話が「事実」と誤解され）、現在に至っているのである。

　この種の「神話」としては、福島県産を中心に「子育て世代が強硬に拒否感が強い」「西日本の人の不安感が強い」「露地ものは不安視されている」といった言説がある。これらは農業関係者、流通業者の中で定説となっている。だが、これらを示す調査データはない。

　「子育て世代の拒否感」については、若干程度不安感が強い程度であり、「西日本の不安感」については逆の調査結果（西日本や関西圏の人の方が不安感は低い）が複数ででており、その言説を証明するデータはない。「露地ものは不安視」という点については、福島県内で若干その傾向がみられるものの、他の地域ではこのような傾向はない（関谷・廣井、2014を参照）。

　これら「子育て世代が強硬に拒否感が強い」「西日本の人の不安感が強い」「露地ものは不安視されている」といった消費者に関する「神話」が生産者、組合、流通業者、量販店の中での共通する言説となり、価格下落、取引量減少という現状を是認し、流通が滞っていることを事実化していくのである。なお流通業や小売店が、福島県産品を扱おうとしないのは、農家の生産物に対する賠償と異なり、流通における賠償方法基準が明らかでないという理由もある。すなわち生産者においては賠償があることを理由に生産者側が買い叩かれる（値を下げさせられる）ことがあることも現実である。

　とはいえ「安全な食品ならば積極的に販売・購入すべき」「福島県産の食

品を適正に販売・流通させる施策をとるべき」という考えを持つ人は8割を超えている（関谷、2014）。これについては、流通業に関する社会的責任として、この分野の長期的な課題といえよう。

例外は給食である。地産地消、地元での消費や地元での「給食」が完全に再開されないことについて「地元の人が不安な食品を県外の人が食べようとするはずがない」という。

なお、この給食の問題については、事故直後に定められた納入に関する要請、流通上の仕組みやルール、検査体制などから、かならずしも「神話」とは言い切れない。いまだ福島県内では10Bq/kg、20Bq/kgを基準にしている市町村が多く、現実的に納入できないという問題もある。よって、ここでは、納入業者、学校、教育委員会などを巻き込んで対応をしていかなければならない課題が多く存在する。

福島県産の農産物に限定すれば、きゅうり、もも、あんぽ柿などは、そもそも福島県産に対する代替産地が少ないので、取引量減少および価格低下は改善の傾向にある。だが、これは他産地の生産量など市場の需給バランスに隠れてしまっているといえる。ただし米に関しては、全国に代替品目があるために取引量減少および価格低下が顕著である。とくに在庫がある冬から夏にかけては、この影響が極めて大きく震災前と比べ落ち込みが大きい。

また、一度店舗や販路において、そのシェアを他産地の商品に（棚を）奪われてしまい、販路が途絶えると、それを取り戻す（「棚の回復」）のは容易ではない。震災から4年半、長期間、流通が滞ってしまったことによって、この回復が難しくなっている。

## 3．風評被害を解決する上でのポイント

では風評被害に関して、解決策を考えるポイントを挙げてみたい。

### (1)「消費行動を変えよう」とするのではなく「認知率を上げる」こと

まず重要なことは風評被害の情報戦略について、きちんと戦略を持つこと

である。広告やマーケティング戦略では、まず目標設定が重要となる。通常は、広告の到達率（リーチ）や接触頻度（フリークエンシー）を上げ、認知度、そしてその次の好意度を上げることを重視する。実際の消費行動はその延長線上にあると考える。消費者の行動を変えるのは一般的に容易ではないからである。

また、先に記したように、福島県の農産物に関して購買行動に影響を与えると考えられるものは「検査体制の認知」と「検査結果（ほぼ、N. D. であること）の認知」である。検査体制の認知は福島県内の約8割、県外5割、検査結果の認知は福島県内約5割、県外2割である（前掲図3）。この差が消費行動の5％の違いに反映されているとすれば、この検査体制と検査結果の認知率をどこまで上げられるかが具体的な目標になるはずである。

農業の価格調整のための出荷管理などにおける「％」の意味と、どこをターゲットにすべきかを考える潜在的なマーケットシェアの「％」の意味は大きく異なる。アンケートの調査データに基づき、広告やマーケティングの基本に忠実にのっとって戦略をたてることが重要である。

### （2）8割の消費者を対象にする―「2割－8割」論

そもそも、多くの消費者が福島県産を拒否しているから風評被害が発生しているわけではない。福島原発事故後、様々なアンケート調査を基にすると7割〜8割程度の人は、普通に消費している（福島県商工会、2014；消費者庁消費者安全課、2013；2014）。調査によって差があるが、福島県産を強硬に拒否している層は2割〜3割程度である。

だが、報道や関係者の間では2割〜3割の「買わない人」が強調されすぎている。特にテレビや新聞のニュースでは、あまり客観的な事実を伝えるだけではインパクトが弱いので、ネガティブな状況が強調される。すなわち風評被害では「買う人」と「買わない人」がいる場合は「買わない人」の状況を強く強調されることになる。全体としてみれば、多くの人が普通に消費している、もしくはすでに気にしなくなっている人も多いにも関わらず、「買

わない人」の方が印象づけられることになる。

　風評被害対策の最大の目標は「市場の回復」である。7割～8割が購買において拒否していない商品なのに売れないという以上は、流通の問題ともいえる。7割～8割の中核たる、もの言わぬ消費者としてサイレントマジョリティ（silent majority）の心理をどう捉えていくかが重要になる。

　また、重要なこととして、風評被害対策と長期的なリスクコミュニケーション（放射線の正確な知識の提供、放射線教育）は異なることを認識することである。これは科学的な情報発信の意味がないということではない。不安を感じている人に影響を与える科学者・医者の人たちがいる（だが、この人たちはメインターゲットではない）。また、単にキャンペーン的な情報だけだと、それ自体で不信感も持たれる。ゆえに情緒的な情報だけではなく科学的な情報も合わせて、きちんと伝えていく必要がある。だが、それは「市場の回復」とは目的が異なる。

　事件や事故、災害が起こった後、その前のマーケットシェアをそのまま回復することは困難である。この現実を見極め、事件・事故、災害からある程度、時間が経過した段階としては「マーケットシェアの変化」をどれだけ認識できるかどうかが重要となる。風評被害とは、8割買い支えてくれる層がいるにも関わらず流通市場が回復しない問題ともいえる。この意味では、現在のメインのターゲットは、流通業者や大手量販店など、その消費者との仲にたつ人々である。

　消費者の問題というよりは売り場の回復の問題として、「福島県産を拒否している消費者」は少なく（減少してきており）、この減少してきている事実をきちんと伝える必要がある。また、これら「子育て世代が強硬に拒否感が強い」「西日本の人の不安感が強い」「露地ものは不安視されている」といったことが誤解であることを流通関係者に周知する必要がある。

## （3）県内と県外の課題の違いを踏まえた情報発信

　もう一つ重要なこととして、福島県内の人と県外の人の戦略を別々に考え

ることである。同じ「不安」でも内実が異なるのである。端的にいえば、福島県内の人は「放射線量の数字」を語るが、県外の人は「放射線量の数字」を踏まえた話をしないという違いがある。調査から出てきている知見としては、第一に、同じ不安を持つ人であっても、福島県内の人はある程度、放射線に関する知識を取得し、知識を得た上で不安を持っている人が多い。福島県外の人の場合は放射線に関する知識がない人が多く、イメージによる「なんとなく不安」という人がより多い（関谷・廣井、2014）。

また福島県内では、外部被曝（環境放射線の影響）と内部被曝（食物からの影響）を考えて、より被曝のリスクを減らそうと福島県産の農産物をあまり摂取しないという人も少なくない。きのこ、山菜、いのししなど検出されやすい産品について、県内の人は理解しているが県外の人は理解していないなどの違いもある（関谷・廣井、ibid）。

福島県民の風評被害に対する反応はある程度汚染状況を理解した上での不安に基づくもので、できるだけ内部被曝を減らしたいという心理に基づくものであるが、県外の人は風評被害に対する反応は多くの場合は状況を知らないことによる不安ともいえる。すなわち同じメッセージ・同じ知識を前提とした情報発信は困難であり、異なった戦略が必要である。

## 4．風評被害の対策

まとめとして、筆者が考える現段階での風評被害の対策を論じる。

### （1）事実としての「検査の体制」を理解してもらうこと、検査体制の維持

様々な調査からはっきりしてきているのは、食品の不安に影響するもっとも大きな不安感は「検査への不安」である。「検査を行っている」ということ、「検査体制はどうなっているか」、「どうやって吸収抑制をしているのか」という、現状の検査に関する事実を伝えていくことが次に重要である。

消費者が不安を解消した理由としては「検査が行われているから」というものが大きい。そして現実問題として、検査結果を気にしている人はN. D.

かどうかを重視している。もちろん「検査されているので安全」と捉える人もいれば、「まだ検査をしなければならない状態なのだ」と捉える人もいる。「検査体制はアピールするほど、まだ汚染されているというイメージ」を植え付けるという関係者もいる。

だが、震災後、茨城県の農産物、千葉の漁業などをみても検査体制が整い、検査されたものから流通が回復していった事実をみれば、市場がこれらの検査を求めていることは明らかである。疑心暗鬼を生まないように、検査体制を維持し、様々な情報を率直に公表していく必要がある。

検査されていないということ自体が不信感を生む。よってコストがかかる、N. D. がほとんどだとはいえ、簡単に検査をやめるべきではない。そのための検査費負担の問題を解決していく必要がある。

## （2）事実として「検査の結果」を理解してもらうこと
### ─N. D. に対する理解を深めること

また、現段階でもっとも重要なことは、モニタリングやスクリーニングによる結果として「現実としてほとんどの農産物についてはN. D.（検出限界値以下）である」ことである。基準値以下かどうかという点よりも、この汚染に関する科学的事実を淡々と伝えること、検査機器では測定できないほど「汚染されていない」という事実を理解してもらうことである。

いま福島県内では、きのこや山菜、一部魚介類を除いて市場に出回っているものに関しては、大量に検査をしてN. D. を超えるものが数点出てくる程度のレベルである。この事実を淡々と伝えていくことである。

N. D. は吸収抑制策（入口対策）や検査体制（出口対策）の結果である。だが、吸収抑制策（反転耕／作付制限／品目転換／高圧除染／落ち葉除去／カリウムなど吸収抑制剤）や検査体制についても、まだ十分に知られていない。これらを人々に知らせること、放射線の健康にあたえる影響や、その判断の結果である「安全」を伝えることも重要である。震災直後から、それぞれの専門家のいうことが違うために不信感がすでに醸成されてしまった。だ

が、ある程度の時間が経過し、「検査結果」それ自体に対する不信感などは極めて低い。このことを重視し、検査結果を周知していく必要がある。

　また、これらを理解してもらうため放射線の健康への影響よりも、空間線量、規制値、基準値、N. D. の意味をきちんと伝えていくことである。生涯100mSv、年間20mSv、空間線量3.8μSvと現在の空間線量の意味、また暫定規制値500Bq/kg、100Bq/kg、N. D.（25Bq/kg、12Bq/kg、10Bq/kg）などの意味をきちんと伝えていかなくてはならない。これらがわからないと事実としてのN. D. が正確には伝わりにくいからである。

### （３）知識層向けの情報発信

　多くの福島県以外に在する記者、省庁関係者、流通関係者、医者、いわゆるリスク・コミュニケーションに関わる人の多くが、基準値100Bq/kgを基に、出た／出ない、安全だ／安全でないという議論をしている。だが、すでに福島県内ではN. D. を基準に出た／出ない、安全だ／安全でないという議論をしている。この現実を踏まえた議論をしていくようにしなければならない。特に福島県外においては科学者、ジャーナリスト、リスク・コミュニケーションの関係者でも「基準値」で議論している人が多い。この福島県内の現状について、知識層向けに伝えていく必要もある。

## おわりに

　8割の人に不安がなくとも、「風評被害」がなくならないのは、風評被害が人々の不安感や心理の問題というよりは復興における社会構造、流通構造の問題へと変化しているからである。「風評被害」を単なる消費者心理の問題と考えずに、復興期の社会構造の問題としてとらえないと手遅れになろう。

　いつの頃からか、福島県や被災地では、「風化」ということも問題になるようになった。現在は、福島県内でも放射性物質測定のための「持ち込み検査」に市民の持ち込みはほとんど見られない。被災地内外の人々の関心が薄れ、津波災害、原発災害、そして被災地のことが忘れられてきているという

のである。たしかに過去においては、時間の経過に伴ってメディアで取り上げられなくなれば、風評被害は収まった。すなわち、人々の関心が移ろうなかで、いわば「風化」する中でその被害は薄れていくというのが今までの風評被害であった。

　だが、今回の災害は異なる。福島原発事故は過去の風評被害の事例と比べられない。福島原発事故は、長期にわたってテレビ・新聞などのメディアに取り上げられ、人々が原発事故の問題についてさまざまな形で議論し合ってきた。東日本大震災そのものへの意識は下がっても、福島原発事故の与えた心理的影響は極めて大きく、福島県の農産物や食品に関する認識上のスティグマ（烙印）という意味では決して風化しているわけではない。事故が大規模であること、そして長期間にわたって対策を打ち続けなければならないこと、これが直視して受け止めなければならない厳しい現実である。

　警戒区域は縮小しても長期間にわたって必ず残り続ける。長期にわたって原発近くの高線量の地域、立ち入れない区域がある程度残ることを考えれば、それによってその周囲の地域に行くことへの不安感を持つ人や、周囲で生産された農産物に不安を抱く人は、減ったとしても決してゼロになることはない。

　リスク・コミュニケーションやブランディング（広告）も重要である。放射線災害を経験した日本国として、放射線や原子力事故について正確に理解を深めることは長期的に重要な課題である。だが、それと風評被害対策は異

**図４　「事実を伝えていくこと」の重要性**

なる。徹底した検査体制を確立している、今はほとんどN. D. であるという揺るぎない事実を淡々と伝えるといった流通対策が不足している（**図4**）。

　リスク・コミュニケーションやブランディングだけではなく、この「事実」をきちんと伝えていくことによる流通対策が風評被害払拭には重要となってきていることをきちんと認識すべきである。

**参考文献**

消費者庁「風評被害に関する消費者意識の実態調査（第4回）について―食品中の放射性物質等に関する意識調査（第4回）結果―」2014［online］http://www.caa.go.jp/safety/pdf/141001kouhyou_1.pdf.

関谷直也「『風評被害』の社会心理―『風評被害』の実態とそのメカニズム」『災害情報』no.1、日本災害情報学会、2003年、pp.78-89。

関谷直也『風評被害―そのメカニズムを考える』光文社、2011年。

関谷直也「東京電力福島第一原子力発電所事故における風評被害の実態」『農村経済研究』32(1)、東北農業経済学会、2013年、pp.36-47。

関谷直也、2014、放射性物質汚染の心理学―風評被害払拭の方策―日本災害復興学会2014　長岡大会講演論文集、88-92

関谷直也・廣井悠『東日本大震災後の価値観の変化とメディア産業のBCP―震災直後の状況と消費行動・安全観・人生観の変化からメディア産業のBCPを考える―』吉田秀雄記念事業財団報研究助成報告書、2014年、259p。

Sekiya, N. What and How Have People Feared since Fukushima Nuclear Power Stations Accident?, International Symposium on Risk Communication（NSF/JST）, Oct, 6, 2014, Sokairo Hall, GRIPS, Tokyo.

福島県商工会「『福島県産食品』に対する首都圏及び福島県内消費者の意識調査を実施」2014年［online］http://www.f.do-fukushima.or.jp/image/260219_0212.pdf.

# 14

# 福島県が抱える風評問題と地産地消を取り戻す意義
―流通からのアプローチ―

則藤　孝志

## はじめに

　東日本大震災から5年の月日が経過しようとしている。原子力災害から食と農の再生をめざす福島県の被災地では、これまで農地除染や吸収抑制対策など放射性物質の汚染対策が重点的に実施されてきた。その成果もあって、2015年時点では県産農産物から放射性物質はほとんど検出されなくなっている[1]。また、福島第一原発から半径20km圏内の避難区域においても一部ではあるが、かつての水田風景が取り戻されつつある。このように、生産段階においては着実に再生の道を歩んでいる。

　しかし、根深い問題はむしろ流通と消費の段階に残されている。いわゆる「風評被害」の問題である。東京都中央卸売市場のデータによると、福島県産の青果物の出荷量については震災以前の水準に戻りつつあるものの、価格については主力品目のモモをはじめとして他県産に比べ低いままのものがある[2]。また筆者が継続的に実施している県内食品メーカーへの聞き取り調査からは「以前の売り先が戻らない」、「福島県産を理由に不当に安い価格で納品を要求される」といった声が未だに多く聞かれる。

　このような風評問題が温存され、払拭されない社会構造を解明し、その克服に向けた方策を示すことは、原子力災害からの復興に向けて社会科学分野が取り組むべき重要課題の一つと言えよう。そこで本稿では、「流通」の視

点から風評問題を捉え直し、そこから見えてくる問題構造の一端を明らかにしていく。とりわけ、福島県内で生産された農産物・食品が地元・県内で使われ、消費されるローカルな流通に着目する。

　原発事故にともなう放射能汚染の問題によって、福島県内の地産地消やそれを支える地場流通は大きな損害を被り、5年が経つ2016年現在もそれらは十分には回復していない。それは消費者（市民）が未だ地元の農産物に対して強い不安感をもっているからだと言われるが、本当にそうなのだろうか。流通の視点から風評問題を捉え直すことで、消費者へのアプローチだけでは見えてこない風評問題の構造が浮かび上がってくるのではないか。そして、その構造を正しく捉えることで、風評被害の払拭や地産地消の回復に向けた対策・政策が具体的に見えてくるのではないか。これが本稿に込める筆者の問題意識である。

　以下では次のような手順で議論を進めていく。まず次節では、風評問題を流通の視点から捉え直す必要性について示し、とくに地場流通に着目する重要性を述べる。その後、地場流通の実態に迫るため学校給食の地産地消に焦点を定め、流通の視点から地産地消低迷の構造的問題を明らかにしていく。そして最後に、地産地消の回復に向けた取組み課題として、地域ぐるみのフードコミュニケーションを提起する。

## 1．風評問題を「流通」から捉える意義

　風評問題に対しては大きく二つのアプローチが考えられる。一つは消費者へのアプローチである。消費者は福島県産農産物・食品に対してどう思っているか、消費者意識と購買行動について分析するものであり、風評研究の多くがこれに該当するだろう。

　一方、研究が明らかに手薄なのは、生産から加工・流通を経て消費者に届くまでのプロセス、すなわち、もう一つの流通へのアプローチである。流通は消費者の状況を鏡のように反映しているに過ぎないのだから、わざわざ流通に着目する意味はないのではないかという意見もあるかもしれない。しか

し、食品メーカーの売り先が戻らない、農産物の市場価格が戻らないという問題は、どうやら流通の仕組みそれ自体に問題があるのではないかと考えられる状況も、実際には観察される。

　これを簡単なモデルで示してみよう。震災以前、福島県の食品メーカーA社は、東京のスーパーC社に商品を出荷していた。しかし原発事故が発生し、直後は放射能汚染による福島県産農産物・食品に対する消費者の強い不安感から、スーパーC社はA社との取引を打ち切り、他県のB社に仕入先を切り替える対応を取った。それから数年が経った現在でも未だ福島県のA社に取引が戻らない。これは本当に消費者が未だ不安だからなのだろうか。実はそこにはそれだけでは説明できない流通の事情も存在する。原発事故以降に始まったスーパーC社と他県B社との取引であるが、両者の間には、継続的取引による信頼関係が醸成されてきている。

　流通とは、単なる取引を通じた商品の流れなのではなく、売り手と買い手がつくっていく人間的な社会関係でもある。ここでスーパーC社が仕入先を以前のA社に再び切り替えようとすると、そこには経済的・心理的なコストがかかる。これを流通やビジネスの世界ではスイッチング・コストと呼ぶが、このコストをかけてまで取引を戻そうとするくらい、A社の商品および取引条件に魅力があるかどうか、これが重要なポイントとなるのである。同じようなことが農産物の取引についても言えるだろう。

　これはもはや消費者が不安かどうかとは別の次元の流通上の問題と言える。そこでは都市部の消費者から次のような声が聞こえてきそうである。「福島県産を買いたくても近所のお店に置いていない。福島県産を避けているわけではないのに」。この実態を「風評被害が続いているので」の一言でまとめてしまっては、福島県の産地やメーカーがとるべきこれからの対策が見えてこないのではないか。

　以上を踏まえ、風評問題への流通アプローチの意義を二点に整理しておく。一つは、風評被害をめぐる流通特有の問題を明らかにすることで、消費者アプローチからの知見と合わせた総合的な対策と戦略が見えてくることである。

図1 地産地消と地域内食料産業連関

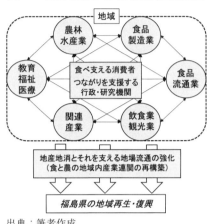

出典：筆者作成

もう一つは、「流通は地域経済をつくりだす」という側面を強調したい。放射能汚染による実害と風評によって分断された農業—食品産業（加工・流通・飲食）—消費者（市民）—関連部門（教育・福祉・医療など）とのつながりと循環を再び地域の中に取り戻すこと、すなわち地産地消と地域内食料産業連関を強化していくことが、福島県の地域再生・復興に向けた重要な課題になると筆者は考えている（図1）。したがって、その方向性を阻害する構造的問題を流通の側面から明らかにすることも流通アプローチの重要な研究課題となるだろう。

そこで、次に地場流通の実態に迫るため、学校給食の地産地消の問題に焦点を定め、「なぜ回復しないのか」、「どうすればいいのか」について考えていきたい。

## 2. 原子力災害と学校給食・地産地消

### （1）学校給食に着目する理由

風評問題の本質に迫るためには流通の実態を知らねばならない。そのため14年度より東京大学特任准教授　関谷直也氏、福島大学教授　小山良太氏、同大学准教授　中村陽人氏らと研究チームを組織し、福島県の中央部（県中地域と呼ばれる）に位置する郡山市を中心に農産物流通にかかわる事業者に聞き取り調査を重ねてきた[3]。そこで筆者らが驚いたことは、どの調査に伺っても、まず学校給食の問題が話題に上がったことである。

給食流通に直接携わっていないところでも業者同士の情報のやり取りで状況を聞いているという。また東京都内の中央卸売市場の関係者や県外の大規

模スーパーのバイヤーに筆者が話を伺った際も、福島県の学校給食の問題を重要視していた。どうやら、流通の世界では、学校給食の問題が業界の中で共有され、それが県内から全国に広がる中で福島県産の悪いイメージが増殖しているのではないか。そのような学校給食を起点とする「風評の増幅メカニズム」のようなものを筆者らはイメージするようになった。そうであるならば、学校給食における地産地消の回復をめざすことは風評被害の払拭に向けた有効なアプローチになるのではないかと考えたわけである。

そこで、原発事故から5年を迎える今、福島県の学校給食の現場では地場産はどのように扱われているのか。その実態に接近するため、郡山市を対象地域として、教育委員会や学校給食センター[4]、給食流通にかかわる地元卸売市場である郡山総合地方卸売市場（以下、郡山市場）や「納め業者」と呼ばれる青果物流通業者（八百屋など）などに改めて聞き取り調査を実施した。そこで得られたデータにもとづいて考察を進めていく。

## （2）学校給食における地産地消の位置づけ

ここではまず学校給食行政の大まかな動向を整理しておく[5]。90年代以降、地方行財政の改革の流れの中で、学校給食にもコスト削減の波が押し寄せた。コスト効率性の観点から、自校式からセンター方式へ、直営から民間委託へ運営方式を切り替える動きがみられた。その中で、学校給食を介した地域の農業や食品産業との結びつきが細くなっていった。

一方で、00年代以降、行財政改革の流れが加速化する一方で、食育や地産地消という考えが政策的に掲げられるようになった。04年には栄養教諭制度ができ、05年には食育基本法が成立した。また08年には学校給食法が改正され、食育に力を入れる方向を明確化した。その中で、学校給食に地場産農産物を活用したり、自校方式を再評価したりする動きが生まれている。

## （3）福島県の学校給食における地産地消の動向

福島県でも、多品目型農業の特徴を活かして学校給食での地場産食材利用

**表1 学校給食における地場産物利用割合の推移（％）**

| 年度 | 2007 | 08 | 09 | 10 | 11 | 12 | 13 |
|---|---|---|---|---|---|---|---|
| 福島県 | 33.9 | 34.7 | 37.1 | 36.1 | 未実施 | 18.3 | 19.1 |
| 全国平均 | 23.3 | 23.4 | 26.1 | 25 | 25.7 | 25.1 | 25.8 |

出典：福島県教育庁、文部科学省調べ。
注：1）ここでの地場産物とは都道府県単位のもの。
　　2）2011年は、岩手県、宮城県および福島県は調査対象外。

**表2 郡山市学校給食における地場産物利用状況の変化（％）**

| 品目 | 10年11月調査 | | 14年11月調査 | |
|---|---|---|---|---|
| | 県産 | 郡山産 | 県産 | 郡山産 |
| 穀物 | 67 | 61 | 51 | 49 |
| いも類 | 21 | 13 | 13 | 5 |
| 豆類 | 36 | 26 | 15 | 13 |
| 緑黄色野菜類 | 28 | 15 | 12 | 5 |
| その他野菜類 | 46 | 31 | 27 | 13 |
| 果実類 | 0 | 0 | 12 | 0 |
| きのこ類 | 33 | 20 | 2 | 1 |
| 魚介類 | 21 | 19 | 1 | 0 |
| 肉類 | 38 | 6 | 8 | 1 |
| 卵類 | 15 | 7 | 13 | 1 |
| 合計 | 39 | 25 | 20 | 12 |

出典：郡山市教育委員会資料。

を積極的に進めてきた。**表1**からは震災以前、福島県は全国平均に比べて高い地場産率であったことが分かる。

　郡山市では震災前（10年）、郡山産率で25％、それを含む県産率では39％にのぼり、地産地消の気運は高まっていた。さらに農産物だけでなく納豆や豆腐などの加工食品についても学校と地元メーカーとが連携して地場産大豆を使用したものを給食で使用する取組みも始まっていた。

　しかし、震災・原発事故は学校給食の地産地消に大きなダメージを与えた。郡山市の11年11月時点の調査結果によると、米以外の食材については県産を含めた地場産利用がゼロとなった。それから3年がたった14年11月時点では県産率で20％、郡山産率で12％と、震災以前の半分程度にとどまっている（**表2**）。

　なぜ学校給食において地産地消はなかなか回復しないのか。保護者や学校関係者の不安が未だに大きいからであろうか。しかし、教育委員会への聞き取り調査によると、14年時点で地場産食材に強い不安を感じている保護者は

ごく一部であり、その割合は1割程度だという。そうだとすれば、そこには流通上の仕組みや検査体制の問題があるのではないか、あるいは学校給食に関わる人々の間でコミュニケーションのギャップ、誤解があるのではないか。そのような観点から、学校給食に関わる主体・事業者に聞き取り調査をさらに進めた。

## 3．5年目における地産地消低迷の構造的問題

　市内の小学校に野菜・果物を納品している納め業者の方は、震災前は積極的に市内産・県内産を利用していた。「地場ものと下りもの[6]とは鮮度と味が違う。地元でおいしい野菜がつくられていることを子どもたちに知ってほしい」。しかし、震災・原発事故以降は、地元の野菜が「扱いづらい」という。一連の聞き取り調査から、そこには三つほど理由があることが分かってきた[7]。

　一つは、モノがそろわないという調達面の問題である。これは震災・原発事故後の地方市場が抱える生産（農業）基盤の弱体化の問題である。そこでは、郡山市場に出荷していた生産者が震災を機に高齢者・小規模層を中心にリタイアしたこと、また賠償手続きの関係もあり、それまで市場に持ち込んでいた生産者が農協へ出荷先をシフトさせたこともあって、地場ものが市場に十分に集まらなくなっているという。

　二つは、学校給食で独自に設定されている放射性物質の基準値への対応である。県内の多くの市町村において、一般食品の基準値（100Bq/kg）とは別に、学校給食における事実上の基準値が存在している。その多くがN.D.(検出下限値未満）レベルとして設定する10Bq/kgである。納め業者には数日前に納品する食材を検査することが求められ、もし10Bq/kgを超える放射性セシウムが検出されれば、他産地のものを、各地の市場を回って手配しなければならなくなる。そのリスクを負ってまで地場産を扱う気にはなれないのである[8]。

　そして、三つが学校給食関係者への配慮や誤った認識である。流通事業者らは学校教員や保護者が未だ不安なのではないかと推し量り、あるいは不安

なはずであると誤解し、自らはなかなか地場産利用の提案に踏み切れないというのである。一方、教育委員会としては、鮮度面、価格面、そして食育面から地産地消の魅力を重視しており、推進していきたいとしつつも、未だ一部の保護者に不安が残っていること、またごく少数であるが弁当持参の生徒・児童もいる事実も重視している。これからどうすべきか様子をうかがっている状況であり、積極的な推進にはまだ時間がかかるとみられる。

また市内中学校への供給を担う学校給食センターにも話を伺ったが、そこでは学校現場と離れているため、放射能汚染問題に対する教員・生徒・保護者の意識が伝わりにくく、センターから何か地産地消のアクションを起こすことは難しいという状況がみてとれた。このように、①生産基盤の弱体化、②検査体制、③安全・安心をめぐる主体間のミスコミュニケーションの問題が互いに複合する形で「地産地消低迷の構造的問題」が形成されていると考えられる。

そもそも、学校給食の現場に地産地消を推進する余裕はあまりない。腸管出血性大腸菌O157等による集団食中毒の対策をはじめとする衛生管理・安全管理の徹底、食材コスト上昇への対応などに現場は追われている。だからこそ、給食現場の努力だけに頼るのではなく、地域ぐるみ（生産者―農協―卸売業者―食品事業者―行政―市民など）で地産地消の回復・発展をサポートしていくべきである。その具体的な取組みが、次の地域ぐるみのフードコミュニケーションである。

## 4．地産地消をめざす2つのフードコミュニケーション

学校給食における地産地消を回復し、より大きく育んでいくためには二つのレベルでフードコミュニケーションを深めていくことが必要であると筆者は考える。

一つは、「不安」と「誤解」の解消に向けたリスクコミュニケーションである。

郡山市では1割程度であるが、未だに地場産食材に対して強い不安をもっ

ている保護者がいる。もちろん、これから帰還と復興に向かう浜通りの地域ではその割合は一層高くなる[9]。学校給食は子どもに食べさせるものであり、保護者の不安な気持ちはよく分かるし、尊重すべきだと筆者は考える。

しかし、原発事故から5年が経ち、放射能汚染の状況は大きく改善している。米や野菜、果物からは基準値を超えて放射性物質が検出されることはなくなったこと、また、検出限界値を超えて検出されることもほとんどなくなったこと、そのために農業や流通の現場では汚染対策と検査体制に万全を期していることなどを伝え、不安に思う方の気持ちを尊重しながらも、その不安を形成している「過去の情報」を更新する機会をもつことが重要であると考えられる。

ここで重要なことは、コミュニケーションの対象を保護者に限定するのではなく、教員や給食センターの職員、納め業者、そして生産者を含む関係者ぐるみでじっくり話し合う場をもつことである。繰り返しになるが、地産地消低迷の要因は保護者の不安だけではなく、主体間のミスコミュニケーションにもあることを忘れてはならない。

もう一つは、流通上の困難を解消するためのコミュニケーションである。

取組みはすでに始まっている。14年度に県が主導して学校給食地場産物活用勉強会（「いただきます。ふくしまさん」事業）が開催された。そこには県・市町村の給食行政担当者、卸売市場関係者、農協の販売担当者、直売所の管理者、小中学校の給食担当職員、そして生産者が集まり、県内7つの行政区域にてそれぞれ2回にわたって学校給食における地産地消の回復と発展に向けた意見交換が行われた。

さらに、市町村レベルの勉強会や検討会も各地で始まっている。そこでは、給食現場サイドからは供給サイドに要求する地場産農産物の品質、価格、規格などについてポイントが細かく提示され、それに対して供給サイドからも意見や要望を出しながら地産地消の実践に向けた具体的な話し合いが行われている。地産地消はかけ声と気運だけではままならない。「こんな野菜があるよ」「出荷時にはここに気をつけて」「誰がコーディネートする？」。この

ような具体的な部分を関係者で細かく詰めていく中で「よし、やろう！」となるのである。そこには継続的なコミュニケーションの場が不可欠である。

福島県田村市で開催された勉強会に参加した生産者の声を聞いてみよう。「生産者にとって学校給食ほどやりがいを感じる取組みはないと思う。ぜひチャレンジしたい。学校給食サイドの要望には、生産者では気づかない点も多く、このような勉強会の場は重要だと思う。また子どもたちだけでなく、ぜひ保護者にも農業の現場を見に来てほしいと思う。自分で見て納得することが安心につながるはずだから」。この生産者は、さっそく給食センター側から要望があった野菜の生産カレンダーと参考価格リストを作成した。地産地消の回復と発展に向けて、少しずつだが着実に前に進んでいる。

## おわりに

本稿では、「流通」の視点から風評問題を捉える必要性について提起し、とくに地域経済を創りだす地場流通の重要性を指摘した。そこで、地場流通の実態に迫るため福島県における学校給食の地産地消の現状と課題を分析してきた。そこでは、①生産基盤の弱体化、②検査体制、③安全・安心をめぐる主体間のミスコミュニケーションの問題からなる「地産地消低迷の構造的問題」を明らかにした上で、その解消に向けて二つのコミュニケーションを深めていく方向性を示した。

福島県はいま、これまでの放射能汚染対策を中心とする復旧の段階から、将来を見据えた主体的な地域づくり・産業づくりの段階へと、新たなステージに入ろうとしている。

原子力災害と風評被害、そしてコミュニティの分断を乗り越え、将来にわたってそこに人々が暮らし続けていけるような環境を地域住民みずからがつくり出していくことが、これからの地域復興の第一の課題となろう。その具体的な実践として学校給食の地産地消を位置づけ、その回復と発展に向けて地域ぐるみで取り組んでいく先に、風評問題の解決の糸口が見えてくるのではないだろうか。

## 注および参考文献

1） 福島県が運営する「ふくしま新発売。」(http://www.new-fukushima.jp/) では農林水産物の放射性物質検査の結果に関する詳細なデータを公開している。また、ふくしまの恵み安全対策協議会のウェブサイト（https://fukumegu.org/ok/contents/) でも検査結果について詳しく調べることができる便利な検索ツールが整備されている。ぜひアクセスしていただきたい。
2） 注意しなければならないのは、「常に」福島県産が他県産に比べ安いわけではないことである。そこでは作柄などに左右される市況が大きく関わってくる。例えば、天候不順による不作で市場において需給がひっ迫すれば、福島県産であっても他産地とほとんど価格差なく取引される。逆に、豊作で市場において需給が緩んだ場合は、「他の産地のものが多くあるなかでわざわざ福島県産を買わなくてもよい」という買い手の心理が働き、福島県産が後回しにされ、安く買い叩かれる。このような傾向が品目別卸売市場価格の推移や市場・産地関係者への聞き取り調査から伺える。
3） NPO法人超学際的研究機構が福島県からの委託を受け「知のネットワークを活用した復興推進事業（地域課題調査研究事業）」として実施したものである。
4） 学校給食の調理方法には大きく分けて二つの種類がある。一つは学校の中に調理室を持つ自校方式、もう一つは、まとめて調理し複数の学校に届けるセンター方式である。郡山市では、原則として小学校が自校方式であり、中学校については市内2か所の学校給食センターが供給を担っている。
5） 学校給食の歴史や現状と課題については、牧下圭貴『学校給食―食育の期待と食の不安のはざまで―』岩波ブックレット、2009年および同『放射能汚染と学校給食』岩波ブックレット、2013年に詳しい。また学校給食の地産地消と食育については安井孝『地産地消と学校給食―有機農業と食育のまちづくり―』コモンズ、2010年や内藤重之・佐藤信編『学校給食における地産地消と食育効果』筑波書房、2010年を参照されたい。
6） くだりものと読む。地場もの・地のものに対して使われる言葉で、ここでは他県産のもの、とくに卸売市場間の転送を通じて入ってきた農産物を指す。
7） この他にも、「教育委員会の方針で、福島県産の農産物は納入しない」という誤った認識も一部の業者に見られた。
8） 実際には、現時点では福島県内で生産される野菜や果物のほとんどが検査においてN. D. であり、十分学校給食の食材に使用することができる。しかし、もしも検出されたら必死で対応しなければならないのは業者自身であるという点が業者には負担が大きいようである。
9） 浜通りに位置する広野町の教育委員会が2014年10月に行ったアンケートによると、学校給食で使用する食材に「県外産」を求める保護者の割合は、米で52.7%、米以外の食材で53.5%であった。

# 15

# 原発災害下での暮らしと仕事―座談会―

開催日　2015年11月2日
場　所　大内信一氏宅（福島県二本松市）
出席者（発言順）
司　会：田中夏子氏（都留文科大学非常勤講師）
座　長：小山良太氏（福島大学教授）
消費者：熊谷純一氏（前福島県生協連会長・元地産地消ふくしまネット副会長）
生産者：大内信一氏（二本松有機農業研究会会長）

---

（発言者：敬称略）

**【田中】** 本日はお忙しいところ、お話を伺わせていただけるということで、本当にありがとうございます。この2年間、本誌では、原発事故による多大な影響が、地域の暮らしと生業に如何に大きな被害をもたらしたのか、そしてその被害にさらされた人々が、そのこととどう格闘してきたか、連載を通じて考えてきました。この座談会はその最終回になります。原発事故による影響は依然として続くわけではありますが、本誌連載の区切りとする座談会ということで、「地域の暮らしと生業」を守るための闘いを考えるうえで、代表的なお二人にご登場いただき、小山良太先生のコーディネートで議論を進めていただくこととなりましたので、よろしくお願いします。

　私は、普段は山梨県の大学で教育研究活動をしています。少し農業をきちんとやりたいと思っておりまして、震災が直接のきっかけになって、農業を軸にした生活にシフトしようと決心しました。耕作面積は2反歩で、米と麦と大豆と30種類ぐらいの野菜を作っていますが、まだ自給自足プラスおすそ分けの段階です。

【小山】福島大学の小山です。震災前から熊谷さんとは地産地消ふくしまネットの関係で、大内さんとは日本有機農業研究会をはじめお付き合いがありました。震災前から付き合いがあった方々が、こうして震災後いろいろな取組みをされておりますが、大内さんはすごく実直に放射能と向き合ってこられたのではないかなと思います。循環型の「有機」と「地産地消」、この２つは放射能を克服するためのキーワードだなというのを、震災後とても感じています。大内さんの活動や、熊谷さんと取り組んできた「地産地消ふくしまネット」、これが原点になっていると感じています。

循環型の有機農業と地産地消が放射能災害を克服すると小山氏

【熊谷】僕は大学生協出身、大学は秋田大学鉱山学部電気工学科なんです。発送電が僕の専攻だったんですけれど、岐阜県にロックフィルダムでは東洋一の御母衣（みほろ）発電所ってあるんですが、そこに大学の実習生として、１カ月間ずっと働いたり、勉強したりしていました。そこで働いてみて、あまりにも社員とそうでない労働者との待遇の違いなどに疑問を感じ、どうもしっくりこない状況にあった時に、秋田大学生協の学生理事をしていた関係で誘われて東北大の生協に入組しました。

仙台で１年間、生協の勉強して、それから僕は会津に来たんです。最初は御用聞きから現場をずっと歩いて、精肉、鮮魚、商品部長をやって、それで30代の後半、常勤理事になって、県連役員を経て今に至っているんです。今は「主夫」を一生

大学生協出身、これまで生協一筋できて、今は「主夫」を一生懸命やっていますと熊谷氏

16代目の農家、「二本松有機農業研究会」を50年ぐらい前に結成。有機のJAS認証も取っていますと大内氏

懸命やっています。

【小山】熊谷さんがいたので、生協と農協・漁協・森林組合がまとまったのだと思います。あと、例えばTPPや農協改革に反対するときなども、「地産地消ふくしまネット」はJAグループ全国連より先に反対声明を出してきました。それは、やはり熊谷さんの存在が大きかったんだと思います。次に大内さん、よろしくお願いします。

【大内】私は全く百姓しかできない人間なので。代々農家で、一応分かっているだけで16代目です。農家といっても、昔は小作もあったし、大地主もあったというんですが、うちはその中間で、自分の土地を持っていて、小作にもならなかった、地主にもならなかったというので、それで長く続いたんだと思います。やはり大地主なんかはすごく繁栄するときもあるけど、没落もする、そういう家も周りにもあるわけですが、私のうちは何とか自分の土地があって、食べて生活するくらいの土地があったということで長く続いたと思うんです。

現在の経営面積は、以前の3〜4倍ぐらいで7町歩くらい。それを全部有機農業でということで、田んぼの除草とか虫の害が大変なんですが、何とかみんなで工夫しながら耕作しています。県内にも、全国にも仲間がいますので、みんなで知恵を絞りながらやっています。

12〜13人のグループで、「二本松有機農業研究会」も50年ぐらい前につくりました。以来、うちの田んぼや畑は化学肥料も農薬も全く使っていないということで、有機のJAS認証も取っています。農薬は全く使わないで、何とか工夫しながらやろうということで、米や小麦や大豆を基本にしています。2町歩ほどで50種類くらいの野菜も作っています。

**作物の強さと賢さに助けられた**

【大内】震災後は大豆が一番大変でした。大豆は、ほかの作物よりちょっと放射能を吸いやすいという傾向があって、震災前にちゃんと契約したところが駄目になるなど、米と大豆では未だに販売で苦労しています。

野菜に関しては、何とか元に戻りつつあるというところです。われわれが一番苦しかったのは、福島県で安全な作物なんかできない、有機農業なんかはやってもナンセンスだという、できるはずないという、そんな声が結構あったということです。それも原発反対に強硬な人たちが結構言っている。福島を出た人もいますが、われわれがこれだけ一生懸命今までやって、それが誇りだったのにと思うと残念です。われわれももちろん原発反対で、大した活動はできなくてもずっと必死で生きてきたんですが、理解されていません。福島のこの苦しみがあって、日本の原発が止まるならわれわれも少しは癒やされるんですが、今はまだ全く逆の方向に行っていますので、それが一番残念ですね。

今はそれほどでもなくなりましたが、昔は冷害で苦しめられてきた中で、作物の強さとか賢さをずっと見てきたので、原発と冷害は全く違いますが、しかしやっぱり「作物はそんな強さを持っているんでねえかな」という思いはあって、本当に作物に助けられました。福島の土は放射能を吸収して作物に吸わせないような、そういう作用があって、本当にわれわれは作物に助けられて、土作りの大切さも分かりました。

あと、全国からの支援もいろいろありまして、日本有機農業研究会の仲間の人たちも原発の問題を自分たちの問題としてとらえて、今度12月にも支援に来られるんですが、春の田植えと、秋の稲刈りにも30〜40人ぐらいの人たちが来ます。その人たちはここで作業しているわれわれのことをすごく心配して、1人で農作業するよりは、20人であれば少しでも土に触れる時間が少なくなるし、あとは大型のトラクターで深く耕すと表面の放射能の濃度が薄くなって作物にもいいし、われわれの被ばくも防げるんじゃないかということで、そういう農機具の提供もありました。そのほか、全国からも何とか福島を応援しようという、消費者の声もあったり、それに励まされて、何とか今に至っています。

【小山】大内さんの農業経営の内容を少し聞いておいたほうがイメージがわきやすいですよね。米、麦、大豆で5町歩ぐらい、野菜で2町歩ぐらいとい

う話だったと思うんですけど、いかがでしょうか。

【大内】米が２町歩です。無農薬でやると、やっぱり２町歩が限度かなと思って。あとは田んぼに小麦とか大豆を。米の反収は、今年で６俵半ぐらいです。

あの年（2011）も、キュウリを作っていました。ここはキュウリの産地ですから、専業農家はキュウリと田んぼという人たちが多いんですが、「キュウリは作付けしないと賠償も出ねえよ」という声もあった。それで、やっぱりみんな今までどおりぐらいの作付けをしました。

その年は値段が良かったんです。普段は絶対、福島のものは要らないなんて言いますが、物が足りないときは福島のものは要らないなんて誰も言わないから。そして2011年は普通の年より高くて、一般の産地も高かった。震災前、福島県産キュウリは、平均市場価格に比べ１割程度高値でした。これが2012年には市場価格に比べ１割減となるなど、原発事故による経済的被害が深刻でした。福島県ＪＡグループでは、損害賠償対策福島県協議会を結成し、被害を受けた農家からの請求をとりまとめ、賠償支払いを請求。東電の支払いで滞りがある場合には支払実施を強くせまる等の働きかけを行った。その結果、賠償金も出たわけです。あれで随分、農業にとどまった人たちは多いと思う。キュウリが駄目だったら、本当に農業をやめる人たちが多かったでしょうね。

**原発事故、TPPを受けて、産直は質的に変化を遂げる段階**

【小山】熊谷さんからも消費者サイドのお話をお願いします。今回の事故は、消費者を含む地域住民の意識に大きな転換点を与えたと僕は思っているんです。「放射能が危ない」だけではなく、実際に地域の中で生きていくうえで、「みんなで助け合っていかなきゃいけないね」という、そういう深いところでの意識の変化が生まれたと思うんです。

生協は、今とても大きくなっています。バイヤーが売り場の分析をして、売数調整をして、個人個人が何を買っているかまで分析する。優良顧客に優先的サービスをし、囲い込みをねらうという、意識レベルに応じた商品の買

い方まで進んできているわけです。そういう意識をもっと深めていったり広げたりするという、そういう活動を生協自身がやらなきゃいけないというふうに私は思っています。

【熊谷】その点について言えば、中国製冷凍ギョーザ問題を直接、当事者として経験して痛感したことは、まさに産直しかないということでした。しかし、現実には中国産商品が原料レベルでもあふれている。じゃあそれに代わるものは何かというと、それはまだないのです。ですから生協組合員としても消費者としても、地域で生産されたものをもう1回食べよう、見直そうということにしなきゃいけない。

　今、福島県生協連に生協の在り方懇談会が設置されました。福島大学の元副学長の清水修二先生が座長です。TPPの対抗策として、新たな運動として、地域のものを、産直をもっと強化しよう、今までとは違ったレベルでその運動と事業をしなきゃいけないんじゃないかと検討しつつあるんです。つまり震災やTPP前の産直と、今後の産直は質的に違うだろうという気がするんです。

【田中】質的な違いというのはどういうところにあるのでしょうか。

【熊谷】今まではバイヤーが世界各国に行っているんです。中国、アフリカまで行って買ってくるんです。結局、安価を求めてきた訳です。これではいけない。また、事業連合の問題もあります。大きなシステムが駄目なのは原発事故と地震被害で明らかです。もっと小さくて、頭というか脳がいっぱいあるネットワーク型のシステムをつくっていかないと、本当の意味の事業にならないと思います。

【小山】そこで意識を変えるという意味で、地元のほうがおいしいんだということになる。TPPとかに備えてという話になってくると、今この地域でどういう食や暮らしになっているか、地域の農環境とかを守る仕組みを地域でも自前でつくっていくかということになります。その基本は共助ということになるんだと思うんです。やっぱり生協だとか農協とか、そういう組織の重要性ってそこにあるんじゃないかなという気がするんです。

【熊谷】「土壌スクリーニングプロジェクト（どじょスク）」の中で全国各地の生協職員が福島に来て、その参加者が単協に戻ってみんなに話をする、この効果は非常に大きくて、桃だとかをどんどん注文してくれます。今、小山先生が言った情報をどういうふうに届けるかという問題は非常に大きい問題で、生協はその役割を果たさなきゃいけないなというふうに思います。しかし、やっぱり偏っちゃう。支援してくれた単協には行くけど、全国的にはまだまだです。

【小山】そこで、情報が全国連や連合会組織の重要性が本当にある。有機だったら日本有機農業研究会など。JAグループではとても多くの支援（どじょスクなど）もありました。つながるという意味では、「点と線」までは進んだのですが、これを「面」にするというのが次の課題なんでしょうね。

　放射能、原発事故の問題で一番信頼がないのは政府です。アンケートを見ると全部そうなんですけど、とにかく国が一番信頼がない。では誰が信頼があるのかといったら、同じ悩みを抱えている消費者の仲間。組織で言うなら、生協が扱うのであれば、そこはある種の信頼性があるんじゃないかと。放射能に関する情報が少ないので、都会の消費者はそう思っているわけです。

　問題は、そことどうつながるかということです。ビジネスじゃなくて、丁寧に説明する必要があるわけです。そういう意味では、有機農業研究会や消費者のグループを含めた協同組合間協同の実体化とかというところにポイントがあるんじゃないかなと思います。つまり、価格や量ではなくて、これからの10年、20年とか、ここでおいしい安全なものを作ってほしいという願いをどういう取組みに具現化するかということです。

## 「どじょスク」参加等協同組合の組織活動の蓄積と、バイヤーの発想をどうつなぐか

【熊谷】事業を伴っている運動体が生協であり、事業を全く無視できないわけです。でも実際に買う、買わないというのはバイヤーが決めているんです。トップが決めているわけではないんです。トップがちょっと産直頑張れと言

ったって、バイヤーが買わなければ買わないんです。ところが大事な情報が一番少ないところは事業の部分です。組織や組合員活動とかは結構、情報はありますが、事業は全く切り離されています。

だから危ないと思うものは買わないんです、売れる

話題は有機、スローフード、コミュニティをめぐってイタリア、アメリカと世界へ広がりました。

ものしか。分析をやって売れるのをどんどん売っていく。新しいものは売れそうなものを選んでいくわけです。福島の問題であれば福島産農産物の安全性、これまでの活動についてバイヤーなど、事業担当者に勉強させる、説明させるという、そういう場をもっと設けなきゃいけないと思います。

【田中】「どじょスク」に参加してくださった生協の職員というのは、バイヤーのような立場の人じゃないのですか。

【熊谷】ないです。

【小山】生協のバイヤーや事業関係者を集めて、われわれがただ行って説明してもピンとこない。だけど同じ組織の、組合員活動や企画・総務担当職員などが、福島に行ってきたけどこうだったんだよと言うと、またちょっと違って、それが実際の取引につながったりする。バイヤーも責任があって、売れなかったときは責任をかぶるわけですから、どう説明するか、どういうPOPを作るか、価格をどうするかというのを考えたときに、職員や組合員学習が大きく活きてくるんだと思います。

作り手側の「知りたい」という欲求は必ずあるので、そこがポイントじゃないかなと思います。ファーマーズマーケットやマルシェ、CSA（Community Supported Agriculture）など、グローバル化しているイギリスやアメリカだって、最後はそこに行き着くわけで、そこがうまく組み立てられていない

という現状が日本にはあるんじゃないかなという気がします。
【熊谷】アメリカ流通視察で見たのですが、リタイアした人が余生を過ごすという、そういう町があるんですよね。そこにあるスーパーマーケットではほとんどが有機農産物を売っている。十分お金もあるし、教養もある人たちがそのコミュニティをつくっていて、有機のものを食べる。そういう世界が実際に存在しているわけです。かなり大きなコミュニティです。だから日本も高齢化社会が進んできて、高学歴の方々がリタイアしてきていますよね。そうすると、そういう知識のある人たちが安全な地産地消のものを食べていくというのは広がると思うんです。時代は急速に変わってくるんじゃないかという気がします。

　それをより進めるためにどうするかというのがわれわれの課題ですが、それはやっぱり教育であり、知らせるということですよね。
【小山】田中先生、イタリアにおける消費者の行動スタイルを教えて下さい。
【田中】イタリアでは、有機農業生産者サイドからの、食のグローバリゼーションに対する抵抗運動と、それを受け止める生活者側の取組みとしてのスローフード、スローライフ運動が合流して、耐久力のある地産地消が展開していると考えます。その際、私たちが留意しなければならないのは、生活者が流行のライフスタイルを選ぶということで、商品棚にあるより取り見取りの有機野菜を選ぶというやり方では、かなり消費者主導だというふうに思うんです。生産者が抱えている大変さを理解し、その大変なことを一緒にやっていきましょうという消費者側の動機をどうつくれるかだと思うんです。つまり、より安全で、より適正な価格のものを選ぶという意味でのライフスタイルじゃなくて、もう少し一緒に困難を引っ被っていくというところの動機付けをどうやったらつくれるのかなと思っています。

## 「ふくしま大豆の会」をヒントに、各地に地産地消のシステムをつくることが重要
【小山】われわれは熊谷さんと震災前に協同組合間協同による地消地産も必

要だと訴えてきました。福島市は納豆消費量が日本一です。でも福島市では殆ど納豆を作っていないんです。地元で消費するものを地元で作っていない。しかも、安全なのかどうかも分からない産地から仕入れている生産サイドはもちろん、消費サイドも地産地消という意識を持ってもらうのが大事です。

　今のところ、学校給食で地元の米が余っているから使うとか、福島応援で使うとかというだけです。一方で、消費者は選択肢を増やせとか、自分は健康志向なのでお金もあるから対応してほしいと要望も様々です。でも従来、日本にはこの生産者と消費者の一体性がないんです。最近福島は、有機農業とか地産地消とかスローフードの組織が幾つかできてきました。それらを1つの枠組みとしてつくれないかなというのが、ポイントだと思います。有機とスローフードは大内さんが担ってくださるでしょうし、地産地消ネットでは熊谷さんが尽力されました。「ふくしま大豆の会」の取組みも続いています。そういう取組みを消費者団体も含めてつくるということが重要なんじゃないかなと思います。

**【熊谷】**日本の消費者はかなり多様化していると思います。ですから1つのくくりでまとめるということは、絶対できないというふうに思うんです。それから若い人たちの意識というのは、これまたばらばらで、つながりの弱いものになっていく。

　結局、生産をするのにこういう苦労があって、私たちはそれを食べている。頂いているという、そういう人たちを地道に拡大していくという形にならざるを得ないんじゃないかと思います。独自のマーチャンダイジング機能を持たなきゃいけない。

**【大内】**東北全体に納品できるなんていう商品は限られちゃうからね。

**【小山】**それは全国に対して際立った優位性がないということです。でも、地元の人にとっては福島で生産する優位性を前面に出すことで、初めて地産地消、有機、スローフードなどの意味がある。本来、福島県は自給率96％だから、東京へ売る必要はないんです。200万人の人口がいるので、福島の人は福島で作ったもので、全量福島で消費できるということでいいわけです。

イタリアもそうです。もともとは地元の食文化を守りたい、そのためには地元の生産が必要だということです。同じことを福島がやれるかどうかなんです。

　放射能の問題も、食文化の実態がなければ、他の選択肢のほうがいいとなる。実態をどうつくるかが1つのポイントになると思います。例えば、蕎麦だったら、福島のこういう原料で作るから「高遠そば」だよという話があればいい。あるいは、うちの地元にはこういう料理があって学校給食には必ずそれが出るとか。やっぱりその積み重ねだと思うんです。地元で消費するものを地元で生産して流通させるシステムをきっちり用意しておく。そのときに初めて安全性などの対話もできる形になるわけですから。

　震災後、地元のスーパーは、店頭に福島のものを真っ先に並べた。あれは「福島県民200万人のマーケットがあるんだ」という事実に対し、もっと自信を持って何を説明すべきかということを示していると思う。

　協同組合は地域住民から切っても切れない関係にある。事故直後の農協では、いい悪いは別にして農産物を作り、作ったからには安全性を測ると頑張った。賠償に関して言えば、確かに難しい部分もありました。とはいえ、あの時期に作らせるって相当覚悟が要ったと思います。みんな辞職を覚悟しながらやったわけです。正しいかどうかは後でしか分からない、そういうところだと思うんです。

**地産地消ふくしまネット、福島県消費者ネットワークの事業化「ふくしまSTYLE」**
**【熊谷】** 2003年か04年に、日生協でヨーロッパに共済の調査に行ったんです。ユーロ統一の影響で、協同組合が深刻な競争にさらされていました。彼らはその対策として、地元密着を徹底的に図るということでした。それはイタリアで非常にはっきりしていました。イギリスもその方向で、150坪から300坪ごとの店舗展開をすることに対して政府が金を出して、協同組合を育てる。協同組合は地元密着でいくというふうな方針を出した。

日本に帰ってきてからすぐ取り組んだことの一つは、県内4つの連合会が環境問題では一緒にやっていたんだけれども、もっと事業的なものをやろうということで、地産地消ふくしまネットを作り、さらに福島大学の知のネットワーク、そして、福島県消費者ネットワークというのをつくったんです。そういうのを準備しながら、事業的には「ふくしまSTYLE」でいくということを決めて始まったら、3.11に遭ってしまったんです。それから5年でしょう。これを本当にもう1回活かすことが必要だというふうに僕は思っているんです。

**地域の加工事業を支えることで地元材料の食を消費者に届ける体制を**
【小山】事故から5年ちょうどたって、1つの区切りになると思うんです。例えば復興加速化基金などの補助金が打ち切りになるでしょう。そうすると来年、全量全袋検査は縮小が検討され始めます。パターンとしては会津が外れる、もしくはいわゆる自家用米を検査から外す、全量じゃなくなるなどの方法です。検査やコストもどんどん縮小していく。賠償も打ち切りになってくる。

　国としては、実際にはいろいろな問題も残っているけれども、今年度で1つ区切りを付けたい。となった時に来年度以降、どういう形で農村、農家経営、あるいは有機農業という枠組みを発展させていくか、続けていくかという展望はいかがでしょうか。幾つか聞きましたけど、やっぱり米や大豆などの契約販売がなかなかめどが立たないというのもポイントになりますか。
【大内】それはこれからわれわれが努力するしか方法はないんですが、われわれとしては放射能の影響が作物へはもはや無いというのを最大限の強みにしながら販売を強化していくしかない。地産地消ができればもちろん一番いいんですが、さっき言ったように二本松市も本宮市もみんな大きい納豆屋さんがつぶれて、豆腐屋さんもつぶれた。地元の材料で食べたい消費者に届けるというのがなかなか大変になった。遠くに送ってまた送り返して、また販売するというのは、それこそエネルギーのロスであって、手間だって大変な

ので、地元の産業を考えなくてはならない。

【田中】米については、数値がもう検出されないところまで来たので、取りあえず安心、安堵したということでしょうか。一度放射能に曝されて、そのことはどうしても取り返しがつかないこととして気持ちに残っておられるのですか。売上げの上下とは別に、そこら辺はどういうふうに、数字で割り切れない問題なのではないでしょうか。

【大内】精神的な面での問題はありますが、しかしいつまでも引きずっている時期じゃなくて、現実に数字的にはもう出てこないという自信を持っているので、やはり前に進むしかない。うちらは震災後も生産は前のとおりずっとやっていたんですが、そういう中で販売に力を入れていくしかないし、安全なものを生産していれば絶対間違いはないと思っています。やはり何とか地元で消費できる体制が取れればいいなと思うわけです。

【小山】加工だったらほかにもいっぱい撤退しちゃったところがあるので、油、納豆、豆腐がありましたけど、ほかにも八百屋だとか、そういうのを自分たちで買い取るというのも1つの手かなという気はするんです。大内さんの息子さんがやっている福島県有機農業ネットワークのオーガニックフェスタや消費者交流の様々なツアーやマルシェなどもそういう展開の1つですし、われわれもそういうつもりでゼミとしてマルシェを継続してきました。地産地消だけでなく、「地消地産（＝地元で必要なものを地元で生産しよう）」というコンセプトでできたらいいなと思うんです。

【大内】今まではどうしても、特に納豆、豆腐なんかは大手の安いのに対抗するのに、地元産でなくて値段で対抗しようとするから、みんな嫌になった。

【小山】有機大豆で、地元の大豆の豆腐なんて食べてみたいですけどね。

**「子ども食堂」に協同組合も参加しては**

【熊谷】一番心配しているのは悲惨な生活をしている人たちです。お金が本当にない人たちがどーっと増えているんです。こうした人たちの食生活をどうするのかということを考えなきゃいけないんです。

【田中】協同組合ならば、これを食べてほしいというものを、それを買える人だけじゃなくて、特に子どもには食べてほしいということになりますよね。そうすると、今いろいろなところでやっている「子ども食堂」が参考になります。食べることに非常に無理を抱えている子どもが都内では非常に多くて、「子ども食堂」というのが勢いをもって増加しています。そういうところに食材を供給するルートづくりにも協同組合が関与していけると考えています。子どもをはじめ、誰もが安全な食とめぐりあえる仕組みです。お金のある人はこっちを買って、そうじゃない人はこっちを買ってくださいという売り方ではいけないと思うんです。

【小山】本当にそうなんですよね。食の教育とかってよく言われますけど、それを事業の中でやり得るのは生協とか農協以外にない。しかし、経営はきびしく「手数料率」を掛ける商売では成り立ちません。そこで固定価格に近い考え方で絶対額でというのはCSAとかにもあり、再生産可能な取引をつくるときにはやっぱり絶対額なんです。「率」で掛けていたら変わるわけですから。やっぱり100円残さないと次の仕入れができませんよ、次の生産が回らないよと。そこをむしろビジネスの仕方でも明確にして、うちはこういう商売だけど地域に貢献してますぐらいの勢いが必要なのかと。

## 原発事故6年目にむけての構想

【小山】これからの6年目に向けた取組みについて次のように考えています。1つは、有機は課題を克服する過程を示しやすい。結果としてできてくるものも、おいしさという面ではっきりとメッセージを伝えやすいし、これまでの実績という部分もあるので、歴史としてもストーリーとして伝えやすいと思います。仮に400人ぐらいの顧客だとしたら、思い切って大内さんや二本松有機農研のメンバーの分もまとめて、ここで全部売るという場所をつくっちゃう、そんな仕組みをつくるのはどうでしょうか。

【熊谷】面白いね。アメリカにシチュー・レオナルドというお店屋さんがある。世界最強のスーパーマーケットというか、食料品店なんです。そこはシチュ

ー・レオナルド・ユニバーシティーという大学さえ持っているんです。そこではどういうふうに仕事をしたらいいのかという研究をしている。

　シチュー・レオナルドさんというのは、確か牛乳屋さん（コネチカット州の牧場）なんです。牛乳屋さんがつくったスーパーマーケットなんです。パンもその中で作っている。牛乳工場もその中にある。目の前で作っているものをすぐ買えるのです。そのパンを作っている人は本当に輝いた笑顔で、今日は私はパンを何千個焼きましたとか、こう説明するんです。それを聞いている人が、納得して買っていくわけです。シチューでも同じです。彼らはシチューをいっぱい食べるでしょう。いろいろな種類のシチュー、それをみんな店内で作っているんです。材料もやはり国内産です。この店は3店しかなかったです。

　3番目の店はかなり洗練されて、1号店みたいに生産設備がいっぱい入っていなくて、そこで生産したものを運んでいますけど、それでも産地の生産者がつくっているお店、産直になっています。非常に感動しました。そういうものを福島でもやれないものかと思います。

【小山】日本の食ってこういうものだというのを意識的にやってあげないと、理解しない子どもが増えてきます。実は「当たり前じゃない」ということだと思うんです。豆腐だって食べなくなっちゃう。

　愛媛県では、小学校の学校給食で、地産地消メニューを食べた学校とそうでない学校の卒業生を追跡調査したんです。そうしたら、地産地消とか国産品の購入率は、地産地消をやっていた学校の卒業生のほうが有意に高いんです。やっていなかった学校の卒業生は、大人になって社会に出て、所得が似たような水準でも外食率が高かったりと結果ははっきりしています。

【熊谷】今の状況について僕はあまり悲観的ではないんです。考えようによって地産地消、そういうものが発展する基盤というか、そういう雰囲気というのは生まれていると思います。生協のいろいろな会議だとかの中でも、それは感じられますからね。

【小山】この福島の5年間は、原発事故で、主にわれわれは食とエネルギー

の問題を考え直した5年間だったと思います。それは食とエネルギーなど暮らしの問題ともいえるでしょう。最後に生産現場の声として大内さん、そして地元の消費、流通から何から何までやってきた熊谷さん、メッセージとして最後に伝えたいことをお聞きして締めたいと思います。

**【大内】**福島の土の良さや作物の強さに助けられて今まで来たから、それを今度、福島なり日本の安全な食べ物の自給を高めていくというのが大きい課題になるし、そのためには生産と販売が結び付いた中で、農協なり生協との連携もこれからの大きい課題だろうと思います。

　また、加工の問題については、われわれも手を出そうかという思いもあるんですが、なかなか技術と資金面で大変な面もあります。われわれがせっかく作ったものを本当に身近で安全に加工して、そして食べてもらう、そういうシステムもこれから考えていく時代だと思うわけです。

　何よりも消費者との関係をきちんと、また生協とのつながりもしっかりしながら、みんなでわれわれの健康、日本人の健康を守っていく。これからはいい食べ物を食べながら、われわれの体の中から放射能を追い出すしか方法はないと思う。原発のない社会をつくるのが理想であって、福島のこの苦しみを踏まえて原発のない社会をつくるということと、安全な食べ物の生産を両立できるためにみんなで力を合わせていくしかないと思います。

**【熊谷】**先ほどからの話の中にも出てきているんですけれど、フードとエネルギー、それから福祉（ケア）、これをどういうふうに産直でやっていくのか、もう少し幅広い中でフードを位置付けるということが大事ではないかなと感じています。それをやるには、例えば生協だけではできないので、協同組合間の協同というのを本当に考えなくてはいけないと。これは全国段階、県段階、さらに金融関係もその中に入ってこなければ、事業はなかなかできないと思っています。

　生協をどう変革するかという問題ですけれど、これは購買事業と共済事業と医療事業の地域における有機的な結合にあると思います。購買生協は、今は業態としてはスーパーマーケット部門と宅配部門と共済部門、この3つが

あるんですけれど、多分これに福祉関係の事業が加わりますから、さらに医療生協との関係が強化されていくと思います。また、放射能問題については各生協にいろいろな検査機器が、ホールボディカウンターも含めて入っていますので、これを定期的に動かすということです。健康を守ることについては継続してやっていきたいと思います。

【小山】最後に話し合ったフード、エネルギー、ケア、これは内橋克人さんのFEC自給圏の話ですけど、実は震災前からずっとこれを目指して地産地消ふくしまネットも取り組んできました。協同組合ネットワーク研究所を福島大学につくったのもそうなんですけれど、食、エネルギー、福祉で、健康で安全に暮らせる社会をつくろうということです。これまでも排除ではなく、みんな入ってもらって取り組んできました。震災で難しい課題も抱えたんですけど、これを機に同じ方向でやってきたと思うんです。

　検査から始まって、一緒にチェルノブイリにも行きました。そういう意味では、5年後の今残っているメンバーというか、やっている人たちはみんな実直に、うそ偽りなく測定して結果を出して、対策を考える。その情報を交換しながらやってきたメンバーなので、あらためて大企業や大手の加工メーカー、あるいは東京ばかりを見るようなビジネスモデルから、200万人の福島で、「ここで暮らすとこういういいところがあるよ」というのを担保するための事業や、生産や食を提供できるような仕組みをあらためてつくれないかと思います。

　そのときに、やっぱり1つは健康だと思うんです。放射能が一度降ったという事実があります。だからこそ有機農産物のような、より安全性の高いものというのを福島で作って食べる意義があると思うんです。次世代の子どものためにも、免疫力を高めるなど、それに向けたストーリーは私の中でも漠然とあるんだけれど、それを具体化するような動きを6年目以降、現場でつくるということをぜひやっていきたいと思います。今回の座談会を読んでもらって、アドバイスや前例などがもしあれば、読者の方々からも応援をいただければいいなと思います。

【田中】それでは、司会に戻りまして。本当に長時間にわたって貴重なお話をいただいて、ありがとうございました。TPPの破壊力が一体どれくらいのものなのか、徐々に明らかになっていくと考えますが、それは地域で積み上げてきたいろいろな実践とかルールだとか、そういうものを破壊する可能性も非常に高いですよね。その破壊力に対抗するような取組みというのは、これは福島だけじゃなくて、全国がどうやったら地域単位でそういうものを構築できるかということを一生懸命模索し始めた時期にあって、福島の場合はその少し先を行っているということで、モデル的な存在にもなっていくのではないかというふうに思っています。本当に長時間にわたって、どうもありがとうございました。

大内氏の奥様（右中央）も加わって、福島の郷土料理をいただきました。

（編集責任：JC総研元主任研究員　河原林　孝由基、副主任研究員　阿高あや）

## 執筆者紹介

田中　夏子（たなか　なつこ）　大学非常勤講師、協同組合研究

舘野　淳（たての　じゅん）　核・エネルギー問題情報センター　事務局長

小松　知未（こまつ　ともみ）　北海道大学農学研究院　講師（執筆当時　福島大学うつくしまふくしま未来支援センター　特任准教授）

早尻　正宏（はやじり　まさひろ）　北海学園大学　准教授（執筆当時　山形大学　准教授）

小山　良太（こやま　りょうた）　福島大学　教授

濱田　武士（はまだ　たけし）　北海学園大学　教授（執筆当時　東京海洋大学　准教授）

飯塚　里恵子（いいづか　りえこ）　千葉農村地域文化研究所主宰

西村　一郎（にしむら　いちろう）　生活協同組合研究家

河原林　孝由基（かわらばやし　たかゆき）　農林中金総合研究所　主任研究員（執筆当時　一般社団法人JC総研　主任研究員）

本間　照光（ほんま　てるみつ）　青山学院大学　名誉教授

豊田　陽介（とよだ　ようすけ）　特定非営利活動法人気候ネットワーク　主任研究員

佐々木　健洋（ささき　たけひろ）　福島県農民連　事務局長

岩崎　由美子（いわさき　ゆみこ）　福島大学　教授

阿高　あや（あたか　あや）　一般社団法人JC総研　副主任研究員

関谷　直也（せきや　なおや）　東京大学大学院情報学環総合防災情報研究センター　特任准教授

則藤　孝志（のりとう　たかし）　福島大学　特任准教授

熊谷　純一（くまがい　じゅんいち）　前福島県生協連　会長
　　　　　　　　　　　　　　　　・元地産地消ふくしまネット　副会長

大内　信一（おおうち　しんいち）　二本松有機農業研究会　会長

## 原発災害下での暮らしと仕事
―生活・生業の取戻しの課題―

2016年10月11日　第1版第1刷発行

|  |  |
|---|---|
| 企　画 | 協同組合研究誌「にじ」編集部 |
| 監修者 | 小山　良太・田中　夏子 |
| 発行者 | 鶴見　治彦 |
| 発行所 | 筑波書房 |
|  | 東京都新宿区神楽坂2－19 銀鈴会館 |
|  | 〒162－0825 |
|  | 電話03（3267）8599 |
|  | 郵便振替00150－3－39715 |
|  | http://www.tsukuba-shobo.co.jp |

定価はカバーに表示してあります

印刷／製本　平河工業社
© 2016 Printed in Japan
ISBN978-4-8119-0493-1 C0036